ection de feu son Excellence le

Dr. A. VROLIK,

*...inistre des Finances et Président de l'Administration de
la Monnaie royale.*

CATALOGUE

D'UNE COLLECTION FORT INTÉRESSANTE DE

Monnaies impériales et royales,

**des Princes laïques et ecclésiastiques, des monnaies des
Villes, des Pays-Bas et d'Outremer, de monnaies obsi-
dionales, de médailles et jetons historiques, de
médailles de médecins et de méreaux**

DONT LA VENTE AURA LIEU À AMSTERDAM,

dans la salle de vente

de l'Hôtel KRASNAPOLSKY

Warmoesstraat 175-183

le 8 Novembre 1897 et jours suivants

Sous la direction de l'Expert J. SCHULMAN à Amersfoort.

JOURS D'INSPECTION:

**Dimanche le 7 novembre de 10 heures du matin à
4 heures d'après midi.**

**Lundi le 8 novembre de 10 heures du matin à 3
heures d'après midi.**

Imprimerie J. HOEKSTRA & Cie. — La Haye.

Ordre de la Vente.

LUNDI le 8 **NOVEMBRE**, le soir à $6^{1}/_{2}$ heures précises.
Le numéro 1 jusqu'au n. **306.**

MARDI le 9 **NOVEMBRE**, le matin à 10 heures précises.
Le numéro **307** jusqu'au n. **655.**

„ le soir à $6^{1}/_{2}$ heures précises.
Le numéro **656** jusqu'au n. **949.**

MERCREDI le 10 **NOVEMBRE**, le matin à 10 heures précises
Le numéro **950** jusqu'au n. **1301.**

„ le soir à $6^{1}/_{2}$ heures précises.
Le numéro **1302** jusqu'au n. **1606.**

JEUDI le 11 **NOVEMBRE**, le matin à 10 heures précises.
Le n. **1606** jusqu'au n. **1790.**
Le n. **1795** jusqu'au n. **2014** *(voir le catalogue spécial.*
Collection de M. S . . . . à Hanovre).

„ le soir à $6^{1}/_{2}$ heures précises.
Le num. **2015** jusqu'au n. **2279** *(voir le catalogue spécial).*

Collection de Monnaies et Médailles

DE FEU SON EXCELLENCE

D^R. A. VROLIK,

Ancien Ministre des Finances et Président de l'Administration de la Monnaie Royale des Pays-Bas.

MONNAIES IMPÉRIALES ET ROYALES.

1 **Allemagne-Autriche.** *Empire.* **Louis II.** *Grand Denier* au temple H LVDOVVICVS IMP. Ar. Beau. Rare.

2 **Conrad IV.** *Bractéate.* Cappe pl. XVI, 163. Ar. Belle.

3 **Ferdinand I.** Comme roi des Romains. Sans date. *Demi Thaler* inédit pour la **Silésie.** Buste du roi couronné à g. tenant globe et sceptre ✠ FERDINA . D . G . RO . VNG . BOE . DAL . CRO . RE . Rev. Aigle portant un écu écartelé aux armoiries de **Bohème-Hongrie. Bourgogne-Autriche,** sous les armoiries dans la légende un petit écu à l'aigle de **Silésie.** ✠ INF . HISPA . ARCHID—AVSTRIE . DVX . SLE. Inconnu à von *Saurma.* Ar. t.b.c. Fort rare.
   voir la gravure.

4 1554. *Thaler* fr. à **Kremnitz.** Son buste couronné à dr. * FERDI-NAND . D . G . ROM . HVN . BOE . DAL . C . REX. Rev. La Madone au dessus des armoiries, dans le champ K—B. Ar. t.b.c.

5 **Léopold I.** 1668. *Thaler* fr. pour le Tirol. Ar. F.d.c.

6 1699. *Demi Thaler.* ARCHID . AV . DV . BV . MAR . MOR . CRO . TYR . 16—99. Ar. Beau.

7 **Joseph I.** 1707. *Thaler* fr. pour le Tirol. Ar. Beau.

8 **Charles VI.** 1713. *Thaler* fr. pour le Tirol. Ar. Beau.

9 S. d. *Demi Thaler* pour le Tirol. Son buste à dr. Rev. ARCHIDUX . AUSTRIÆ . DUX . BURGUNDIÆ . COMES . TYROLIS. Ar. t.b.c.

10 1738. *Thaler* fr. pour la Styrie. ARCHID . AUST . DUX—BUR . ET . STYRIÆ. Ar. Beau.

11 **Marie Thérèse.** 1780. *Thaler* fr. sur flan bruni, sous le buste S. **F.** Ar. De toute beauté.

12 **François II.** 1795. *Thaler* fr. pour la Flandre. Ar. t.b.c.

13 **François I.** 1831. 20 Kreutzer. Ar. F.d.c.

14 **Ferdinand I.** 1842. 20 Kreutzer à la Madone et à la double aigle. Ar. F.d.c. 2 ps.

15 1848. *Thaler.* fr. sur flan bruni. Ar. F.d.c.

16 **Franz Jozeph I.** 1858. *1 Krone Vereinsmünze.* Essai fr. sur flan bruni. Or. F.d.c.

16*a* 1858. ¹/₄ *Krone* fr. sur flan bruni. Or. F.d.c.

17 1859. ¹/₂ *Krone* frappé sur flan bruni. Or. F.d.c.

17*a* 1858. *Ein Vereinsthaler.* Essai fr. sur flan bruni. Ar. F.d.c.

18 — *Florin* fr. sur flan bruni. Ar. F.d.c.

18*a* — ¹/₄ *Florin.* Ar. Beau et 1858 *Kreutzer* et ¹/₂ *kreutzer* fr. sur flan bruni. Ae. F.d.c. 6 pièces.

19 1878. *20 Francs* ou *8 Florins.* Or. Beau.

20 1873. Même pièce frappée pour la **Hongrie,** sous la tête K—B. Or. F.d.c.

21 1879. *Double florin* en mémoire des noces d'argent. Schwalb. 174. Ar. Beau.

22 **Angleterre,** *Royaume. Statère* au type dégénéré, compz Evans „The coins of the Ancient Britons" pl. B. n. 8. Or. t.b.c.

23 **Anglo-Saxons.** *Sceatta.* Deux bustes opposés, entre eux une longue croix. Rev. Croisette dans une rose. Coll. Montagu. n. 169.2. Ar. t.b.c. Rare.

24 *Sceatta.* type, louve dégénéré. Ar. t.b.c.

25 *Sceatta* Tête à dr. Rev. ANVOO. Croix entre. O—O. Ar. b.c.

26 **Edouard III** comme vicaire du St. Empire. *Chaise d'or* fr. par le roi pendant son séjour à **Anvers** au titre de **Louis de Bavière** empereur. var. de de Witte. Histoire monétaire du Brabant pl. XVII n. 374. avec LVDOVICVS DEI x — x GRA x — ROMANORVM IMP ' Or. t.b.c. Rare.

27 *Noble* fr. pour **l'Aquitaine.** ED — WARD DEI GRA REX ANGL DNS HYB TOVT. Or. Beau.

28 **Elizabeth.** *Sovereign* (1584—1601). La reine assise sur son trône, à ses pieds (porteullis.) ELIZABETH . D'.G'. ANG — FRA'. ET . HIB . REGINA. Rev. Armoiries sur une rose. M.M. tonneau. A' . DNO' . FACTV . EST . ISTVD ET . EST . MIRAB : IN OCVL'. NRS. Compz. Kenyon. pl. XII . 83. Gr. 15.5 Or. Beau. Rare.

29 *Angelot* M.M. Croix ELIZABETH : D' . G' . ANG' . FR' . ET . HIB' REGINA. Or. t.b.c. Rare.

30 Même pièce M.M. *Croissant.* Or. t.b.c. Rare.

31 **William and Mary.** 1689. *Half Crown.* Ar. t.b.c.

32 **George I.** 1723. *Shilling* (2 ps.) 1731 et 1743. *Shilling* de **George II.** Ar. 4 pièces.

33 **George III.** 1817. *Sovereign* par Pistrucci. Kenyon n. 173. Or. F.d.c.

34 1818. *Crown* au St. George. Essai fr. sur flan bruni. Ar. F.d.c.

35 1799. *Halfpenny*. Ae. t.b.c. 1805. *Penny* à la harpe, Ae. b.c. *Half-penny* de 1807. 3 pièces. Ae.

36 **George IV**. 1825. *Pistrucci Half Sovereign*. Kenyon n. 178. Or. t.b.c.

37 1826. *Five Pounds*. (Pattern). Essai fr. sur flan bruni. Son buste à g. Sur la tranche ANNO REGNI SEPTIMO DECUS ET TUTAMEN. Or. Gr. 39.8. Superbe.

38 1821. *Crown*. Ar. Beau.

39 1825. *Halfcrown*. Ar. t.b.c.

40 1825. *Shilling* (Pattern). Lion debout sur une couronne. Essai fr. sur flan bruni. Ar. Superbe.

41 **Victoria.** 1839. *Five Pounds* (Pattern) Buste à g. signé. W. Wyon. Rev. La reine debout près d'un lion. DIRIGE DEUS GRESSUS MEOS. Extrêmement rare. Superbe. Or. gr. 38.

42 1839. *Sovereign* (Pattern). Essai fr. sur flan bruni. Or. F.d.c.

43 1839. *Half Sovereign*. Essai fr. sur flan bruni. Or. Superbe.

44 1842. *Sovereign*. Or. Beau.

45 1839. *Crown* (Pattern). Essai fr. sur flan bruni. Ar. Superbe.

46 — *Halfcrown*. Essai fr. sur flan bruni. Ar. Superbe.

47 — *Shilling. Sixpence, fourpence* (2 var.) *threepence, twopence* et penny. Essais fr. sur flan bruni. Ar. Superbes.

48 — *Penny* (Pattern). Essai fr. sur flan bruni. Ae. De toute beauté.

49 — *Halfpenny* (Pattern). Essai. Ae. Superbe.

50 — *Farthing*. Ae. Essai. Superbe.

51 1847. *Crown* (Pattern). Essai fr. sur flan bruni. Ar. De toute beauté.

52 1853. *Shilling. Sixpence* et *threepence*. Ar. 3 pièces, belles.

53 1847. *Penny*. 1853. *Halfpenny et Farthing*. 3 ps. Ae. Belles.

53a **Ecosse. James I**. 1603. *Shilling*. JACOBVS . D . GR . SCO-TORVM. Rev. REGEM . IOVA . PROTEGIT 1603. Ar. t.b.c.

54 **Bavière.** Royaume. **Maximilien Joseph**. 1818. *Thaler* de convention sur la constitution, au buste lauré. Ar. F.d.c.

55 **Ludwig I.** 1825. *Conventionsthaler* sur son couronnement. Buste à dr. par Voigt. Rev. *Tritt die Regierung des Landes an.* Essai fr. sur flan bruni. Ar. Superbe.

56 1828. *Conventionsthaler. Segen des Himmels* aux bustes de la famille royale en médaillons. Essai fr. sur flan bruni. Ar. Superbe.

57 1832. *Conventionsthaler.* **Otto Prinz v. Bayern Griechenlands erster König.** Essai fr. sur flan bruni. Reimmann 1195. Ar. Superbe.

58 1835. *Conventionsthaler.* **Denkmahl des Koenigs Maximilian Joseph**. Essai fr. sur flan bruni. Ar. Superbe.

59 — *Conventionsthaler.* **Erster Eisenbahn in Teutschland mit Dampfwagen — von Nurnberg nach Fürth**. fr. sur flan bruni. Ar. Superbe.

60   1835. *Conventionsthaler. Den Benediktinern wieder eine Lehranstalt übergeben.* Ar. Beau.

61   1837. *Doppelthaler. Münzvereinigung Südteutscher Staaten.* Armoiries de *Bavière, Würtemberg, Bade* etc. Essai fr. sur flan bruni. Schwalb. n. 22. Ar. Superbe.

62   1838. *Doppelthaler. Die Eintheilung d. Konigreichs,* Schwalb. n. 23. Ar. F.d.c.

63   1839. 1 *Gulden.* Ar. t.b.c.

64   — 3 et 1 *kreuzer.* 2 ps. Ar. F.d.c.

65   1840. *Double thaler.* 3½ — Gulden — 2 Thaler. 1840. Schwalbach 19. Essai frappée sur flan bruni. Ar. De toute beauté.

66   *1 Gulden* et ¼ *Gulden* et 1 *kreuzer* de 1841. Essais fr. sur flan bruni. Ar. Superbes.

67   1841. *Doppelthaler* à la statue de **Richter.** Schwalb. 26. Ar. t.b.c.

68   — *Conventionsthaler. Der St. Michaels-Orden Zum Verdienst-Orden bestimmt.* Essai fr. sur flan bruni. Ad. Meyer. 2871. Ar. Superbe.

69   1845 et 1848. *Zwey Gulden.* Schwalb. 21. Ar. F.d.c.

70   3 *Kreuzer* de 1851, 52, 1 *kreuzer* de 1858, 67. *Liard* de 1752 de **Théodore Carl** duc de Bavière, Evêque de Liége. 1839. 1 *Pfennig.* 6 pièces.

71   **Maximilien II.** 1855. *Doppelgulden* à la colonne à la Madone. Schwalb. 42. Ar. t.b.c.

72   **Belgique.** *Royaume.* **Léopold I.** 1834. Pièce de 40 *Francs* au buste lauré à dr. par Braemt. Essai fr. sur flan bruni. Or. Superbe.

73   1835. *20 Francs* par le même. fr. sur flan bruni. Or. Superbe.

74   1848. *25 Francs* par L Wiener, à la tête nue à dr. Or. Beau.

75   1850. Même pièce. Essai fr. sur flan bruni. Or. Très belle.

76   1850. *10 Francs.* signé L. W. Essai fr. sur flan bruni. Or. Superbe.

77   1833. *5 Francs* par Braemt. au buste lauré à g. Essai fr. sur flan bruni. Ar. F.d.c.

78   1834. *2 Francs* par le même. Essai fr. sur flan bruni. Ar. F.d.c.

79   1835. *1 Franc* par le même, fr. sur flan bruni. Ar. F.d.c.

80   1843 et 1845. ¼ et ¹/₄ *Franc.* fr. sur flan bruni. Ar. F.d.c.

81   1847. *5 Francs* par Braemt fr. en essai sur flan bruni. Ar. Fort beau.

82   1848. *2¹/₂ Francs* par Wiener à la tête nue à g. fr. sur flan bruni Ar. F.d.c.

83   1849. *5 Francs* par Wiener fr. sur flan bruni Ar. F.d c.

84   — Même pièce. Essai en cuivre fr. sur flan bruni. De toute beauté. Rare.

85   — *2¹/₂ Francs* par le même. fr. sur flan bruni. Ar. F.d.c.

86   — *2 et 1 Franc* fr. sur flan bruni. Ar. Superbes.

87   — ¹/₂ et ¹/₄ *franc* fr. sur flan bruni. Ar. Superbes.

88   1850. *5 Francs.* Essai fr. sur flan bruni. Ar. De toute beauté.

89   1852. *20 Centimes.* Essai fr. sur flan bruni. Ar, F.d.c.

90   1849. Essai d'une pièce de *10 Centimes.* La tête nue à g. **Léopold Premier Roi des Belges 1849.**|Rev. Monogr. couronnée. **Léopold Premier Roi des Belges 1848,** Ae. F.d.c.

91   — *10 Centimes* au lion, fr. sur flan bruni. Ae. Superbe.

92   1850. *5 Centimes.* 1849 *2 Centimes* et 1850 *Centime* fr. sur flan bruni. Ae. F.d.c.

93   Essais en *Nickel* de pièces de 20, 10 et 5 *Centimes* de 1859 et d'une pièce de *20 Centimes* de 1860 avec XX dans le champ. 4 pièces. Belles.

94   S.d. Essai d'une pièce de *5 Francs* par H. Mennig. PIÈCE D'ESSAI SYSTEME UHLHORN — FRAPPEE—PAR LA—MACHINE— MONETAIRE. Ae. F.d.c.

95   **Léopold II.** 1865. Essai d'une pièce de *5 Francs* en cuivre par Jouvenel. Buste du roi à g. Rev. ESSAI MONETAIRE. Ae. Belle.

96   1866. *Franc* et 50 Centimes. Ar. F.d.c. 2 pièces.

97   **Danemarc.** *Royaume.* **Christian IV.** 1645. *Ducat* fr. pendant la guerre dans Holstein. IUSTUS le nom de Jéhova en hébreu IUDEX . Maillet. pl. 32, 49 var. Or. b.c.

98   1624. Pièce de *4 Mark* au roi debout. Rev. Couronne. Ar. t.b.c.

99   1624. Pièce de *2 Mark.* Buste couronné à dr. Rev. Couronne. Ar. t.b.c.

100   **Christian V.** Sans date. *Ducat.* Monogramme couronnée. Rev. Le roi à cheval à dr. Or. Beau.

101   **Frédéric IV.** 1712. 8 *Skilling.* **Christian VII.** 1781 *2 Skilling.* **Christian VIII.** 1841 et 1842 *4 Rigsbankskilling* ou 1 ¼ Sh. courant 1842. *3 Rigsbankskilling,* 1842 *10 Schillingcourant.* **Frédéric VII** 1854 *4 Skilling.* 7 pièces.

102   **Christian VII.** Essai d'un *Thaler* en bronze. CHRISTIANVS VII DEI GRATIA. Sa tête nue à dr. Rev. Armoiries couronnées DANLE NORVEGLE VAN. GOTH. REX. Superbe et rare.

103   **Christian VIII.** 1846. *1 Species.* Armoiries tenues de deux sauvages. Ar. t.b.c.

104   **Frédéric VII.** 1854. *2 Rigsdaler,* Essai fr. sur flan bruni. Tête nue à dr. dessous F. K. FREDERICVS VII D : G : DANIÆ V : G : REX. 1854. V.S. Rev. Dans une couronne de laurier. 2—RIGS-DALER—9¼ ST. = IM.F.S. Ar. Superbe.

105   1855. 1 *Rigsdaler* au même type seulement. 1855. F.F. et 18½ ST. = IM.F.S. Ar. Superbe.

106   — ½ Rigsdaler 1855. V. S. et sans indication de titre au revers. Ar. Superbe.

107   1856. *16 Skilling.* Ar. F.d.c.

108   1856. 1 *Skilling-Rigsmont.* fr. sur flan bruni. Ae. F.d.c.

109   1813. 1 *Rigsbankskilling.* 1841. ½ *Skilling.* 2 ps. Ae.

110   **Espagne.** *Royaume.* **Ferdinand** et **Isabelle.** *Double Ducat* aux bustes opposés. Or. t.b.c.

111   *Piastre de 8 réaux*, frappe barbare (Scheepspiaster) provenant de la flotte d'argent prise par l'amiral Piet Heyn. Au revers est gravé *dit is — van piet heyns — victorie*. Ar. t.b.c.

112   **Charles III**. 1768. *Piastre* de 8 réaux fr. pour la Mexique. Ar. Belle.

113   — 1782. 2 *réaux* et **Carlos IV** 1789 2 *réaux* fr. pour la Mexique. Ar. 2 ps.

114   **Charles IV**. 1801. *Piastre* fr. pour la Mexique. Ar. t.b.c.

115   1801. Essai en cuivre d'une *Piastre* aux bustes accolés du roi et de la reine, d'après l'invention de Droz. *J. P. Droz inventor del Metodo de Multiplicar los Troqueles*. Inscription sur la tranche. Ae. F.d.c.

116   1807. Piastre fr. pour la Mexique. Ar. Belle.

117   1798 Piastre pour la Mexique de **Ferdinand VII** et 1771, *piastre* pour la Mexique de Charles III. 2 pièces. Ar.

118   **Ferdinand VII**. 1811. *Piastre* pour la Mexique contremarquée à plusieurs contremarques chinoises. Ar. b.c.

119   1833. Pièce de 2 *réales*. Ar. F.d.c.

120   **Isabella II**. 1850. *Doblon de 100 Réaux*. Essai fr. en or sur flan bruni. Tête à g. ISABEL 2ᴬ POR LA GRACIA DE DIOS Y LA CONST. 1850. Rev. Armoiries entourées de la toison d'or REINA DE—LAS ESPANAS . M̄ DOBLON—DE 100 Rˢ D. G. gr. 8,5 Or. Superbe. Rare.

121   1850. Piastre de *20 Réales*. Essai fr. sur flan bruni. Ar. Superbe.

122   1847. *Réal* fr. sur flan bruni. Ar. F.d.c.

123   1848. 2 et 1 *Decime*. fr. sur flan bruni. Ae. Superbes.

124   1850. Essai d'un *Medio Real*. fr. sur flan bruni *Cinco Decimas*. ISABEL 2ᴬ POR LA G . D . DIOS. Armoiries couronnées. Rev. Dans le champ sous une couronne MEDIO—REAL — CINCO — DECIMAS à l'entour Y LA CONST . REINA DE LAS ESPANAS. Ae. Superbe, flan épais.

125   *Decima de Real*. même type fr. sur flan bruni. Ae. Superbe.

126   **France.** *Royaume.* **Epoque mérovingienne.** *Tiers de Sou d'or.* Buste à dr. DIVI . . . . Rev. Victoire VICTVRIA AVG. Imitation des tiers de sou de Justinien. Or. t.b.c.

127   *Tiers de Sou* barbare. Buste à dr. Rev. Victoire. Or. b.c.

128   *Tiers de Sou*, Tête barbare sur une croix. O . IAIA . A . OIRAO. Rev. Croix latine VOTA OAOVTAN VO. Ponton d'Amécourt n. 670. Or. t.b.c.

129   *Tiers de Sou*. Buste casqué à dr. HIVH—VIHV. Rev. Croix potencée VHIOHVHOIHV. Or. t.b.c.

130   *Tiers de Sou*. Tête casquée à dr. SIA X ODO. Rev. Croix ancrée sur une base, dessous un globule entouré d'un cercle perlé. IIIAA IV . . . Or. t.b.c.

131   **Louis le Débonnaire.** *Denier* de **Duurstede.** HLVDOVVICVS IMP AVG. Buste lauré à dr. Rev. Navire DORESTATVS, Ar. Très beau et fort rare.

132 *Denier de* **Milan.** H LVDOVVICVS IMP. Rev. MEDIO — LANVM en deux lignes. Ar. t.b.c. Rare.

133 *Obole* de **Melle.** LVDO — VVIC en deux lignes. Rev. METALLVM autour d'une croix. Ar. t.b.c. Rare.

134 **Lothaire.** *Denier de* **Duurstede.** DORESTATVS MON autour d'un temple. Ar. b.c.

135 *Denier* de **Milan.** HL (en monogr.) OTHARIVS IMP. Rev. MEDIOL. L dans le champ Ar. t.b.c. Rare.

136 **Henri VI.** Occupation anglaise. *Blanc* aux deux écus Ar. t.b.c.

137 **Louis XII.** Gros de **Milan.** var. de Hoffmann. pl. XLIX no. 92 avec MEDIOLANI—DVX . ETC. Ar. t.b.c.

138 *Carlin* fr. à **Naples** LVDO : FRN ; R — GNIQ : NEAP . R var. de Hoffm. pl. XLVII n77. Rare. Ar. Beau.

139 **Charles IX.** 1566. *Teston* var. de Hoffm. pl. LXXIII no. 15 avec FRANCOR . REX Ar. t.b.c.

140 **Louis XIII.** 1641. *Demi Louis d'or.* fr. à Paris. Hoffm. pl. LXXXIV n. 24. Or. Beau.

141 **Louis XIV.** 1686. *Ecu de Flandre* dit *Carambole.* fr. à Lille. Hoffm. pl. XCVIII n. 128. Ar. t.b.c. Rare.

142 -- **Strasbourg.** 1705. Pièce de 33 *Sols.* MONETA NOVA * ARGENTINENSIS. Hoffm. pl. CVI n. 286. Ar. t.b.c.

143 **Louis XV** 1746. *Louis d'or.* fr. à Lille. Hoffm. pl. CVIII.19. Or. Beau.

144 1763. *Petit Ecu au bandeau* fr. à Lille. pl. CX n. 58. Ar. b. c.

145 1767. *Ecu au bandeau* fr. à **Lille.** pl. CX n. 55. Ar. t.b.c.

146 1768. Même pièce, var. avec. NA . REX fr. à **Béarn.** Ar. b. c. Rare.

147 **Louis XVI.** 1786. *Louis d'or* à Paris. Hoffm. pl. CXIII.6. Or. Beau.

148 1790. *Petit Ecu.* pl. CXIV. n. 13. Ar. b.c.

149 1793. *Ecu de six Livres. L'An 5 de la Liberté.* pl. CXVII n. 60. Ar. b.c.

150 **Révolution.** 1793. *Six Livres* fr. à Paris. *Règne de la Loi.* Ar. F.d.c.

151 — 5 *Décimes* L'an 2. Rev. *Régénération Française.* 10 *Août 1793.* Ae. Beau.

152 1803. 5 *Francs* L'an 11. fr. à Bordeaux *Union et Force.* Ar. b.c.

153 **Napoléon** Ier Empereur. 2 *Francs* 1806. *Franc* 1805 et 1808. *Demi franc* 1808 et 1812. 1/4 *franc* 1812. 6 ps. Ar.

154 1815. 2 *Francs* au buste lauré. Ar. Beau.

154*a* **Les Alliés dans Paris.** 1814. Essai en bronze d'une pièce de 5 *Francs* par Tiolier. **Au Pacificateur de l'Europe Paris** dans le champ. A dessous I (**Alexandre I**^{er} **de Russie**). Rev. GALLIA REDDITA EUROPAE APRILE *1814.* sur un globe les trois fleurs de lis de France. Ae. Belle.

155 **Louis XVIII.** 1817. 1/4 *Franc.* Ar. F.d.c.

156 1818. Essai de 5 *Francs* fr. en mémoire de la visite de *S. A. R. Monsieur Frère du roi Colonel Général des Gardes Nationales.* Son buste à g. par Tiolier. **Charles Ph. de Fr^{ce} Monsieur Frère du roi.**

Inscription sur tranche DOMINE SALVUM FAC REGEM. Ar. Belle. Rare.

157   1822. *Franc.* Ar. t.b.c.

158   **Napoléon II.** 1816. Essai de *5 Francs.* Buste nu à g. Rev. Dans une couronne de laurier **5 Francs. Essai.** Ar. F.d.c.

159   — Essais de 2.1. ¹/₂ et ¹/₄ *franc* au même type. 4 ps. Ar. F.d.c.

160   — Essais de *10, 5 et 1 Centime,* au même type. Ac. F.d.c.

161   **Charles X.** 1825. Essai de *5 Francs* LL . AA . RR. — LE PRINCE — DE SALERNE, — MADAME, — DUCHESSE DE BERRY — VISITENT LA MONNAIE—DE PARIS — LE 22 JUIL. 1825. Buste du roi à g. Inscription sur tranche comme au n⁰. 156. Ar. Superbe.

162   1828. Essai de *5 Francs.* Armoiries couronnées d'Artois. HENRI CHARLES FERDINAND DIEUDONNE D'ARTOIS. Rev. S. A. R. — MONSEIGNEUR — LE DUC DE BORDEAUX — VISITE LA MONNAIE — DE PARIS — LE 24 DECEMBRE — 1828. Même inscription sur tranche. Ar. Belle.

163   **Henri V.** 1831. *Un Franc.* Ar. F.d.c.

164   1843. Essai en or d'une pièce de *5 Francs.* Buste du roi à g. HENRI V ROI DE FRANCE. Rev. VISITE A L'ANGLETERRE. — FRAPPE A LONDRES et dans le champ TOUT POUR ET PAR LA FRANCE. Superbe pièce. Or. gr. 47.5 De la plus haute rareté.

165   **Louis Phillippe I.** 1846. Essai de *20 Francs* par Domard, fr. sur flan bruni. Or. F.d.c.

166   1831. Essai d'une pièce de *5 Francs* en mémoire de la visite du roi à la Monnaie de **Rouen.** par Domard. Son buste lauré à dr. Rev. Légende en 6 lignes S . M . LOUIS PHILIPPE VISITE LA MONNAIE DE ROUEN LE 18 MAI 1831 sur la tranche DIEU PROTEGE LA FRANCE. Ar F.d.c.

167   1846. *5 Francs.* Ar. F.d.c.

168   — Même pièce. Essai fr. sur flan bruni. Ar. Superbe.

169   — *2 Francs.* Essai sur flan bruni. Ar F.d.c.

170   — Même pièce. Ar. t.b.c.

171   — *Franc.* Essai fr. sur flan bruni. Ar. Superbe.

172   1846. *50 et 25 Centimes.* Essais sur flan bruni. Ar. F.d.c. 5 pièces.

173   1840. *Franc.* Demi Franc 1839 et 1841. ¹/₄ franc 1844 (fr. sur flan bruni) même pièce de 1844 et 1845. 13 pièces. Ar. F.d.c.

174   1846. *Essai.* Tête à g. dessous BARRE 1840. **Louis Philippe I Roi Des Français.** Rev. REFONTE DES MONNAIES DE CUIVRE ESSAI. Dans une couronne de laurier 1846. Ac. F.d.c.

175   1844. Essai de *5 Centimes* fr. pour les Colonies Françaises. Son buste à g. par Tiolier et Barre. Sur flan épais. Ac. F.d.c.

176   1846. 10 *Centimes* fr. pour **la Guyane française.** Essai par Barre fr. en argent. *Louis Philippe 1. Roi des Français.* Monogr. couronnée. Rev. *Guyane Française* 10—CENT et dans le champ BARRE. Ar. F.d.c, rare.

177 1831. Essais en étain d'une pièce de *100 Francs* par Domard Montagny et Rogat. 4 pièces. Belles.

178 — Essais en étain d'une pièce de *5 Francs* par Barre, Domard, Dubois, Desboeufs, Galle et Montagny. 6 pièces. Belles.

179 **République.** 1848. *20 Francs.* Or. Beau.

180 1850. *10 Francs* par *L. Merley.* fr. sur flan bruni. Or. F.d.c.

181 1851. *20 Francs* par le même. Or. Beau.

182 1848. *5 Francs.* Ar. F.d.c.

183 1849. *5 Francs* par Oudiné à la tête de la République Ar. F.d.c.

184 1849. *2 Francs,* 1850. Franc. 2 ps. Ar. Belles.

185 1850. *50 Centimes;* 20 Centimes de 1850 et de 1851. Ar. Belles.

186 1850 et 1851. *20 Centimes* fr. sur flan bruni. Ar. F.d.c. 2 ps.

187 1852. 5 Francs au buste de **Louis Napoléon Bonaparte** à g. par J. J. Barre. Essai fr. sur flan bruni. Ar. F.d.c.

188 - Même pièce variété. Essai sur flan bruni avec BARRE. Ar. Superbe.

189 Essai de l'avers d'une pièce de *5 Francs* à la tête couronnée de la République à g. par Barre, en haut, une étoile. Cuivre argenté. F.d.c.

190 Essai en bronze doré de l'avers d'une pièce de *20 Francs* à la tête laurée de la République par Barre. F.d.c.

191 **Empire. Napoléon III.** 1854. *5 Francs.* Or. Beau.

192 Même pièce. Or. t.b.c.

193 1857. Pièce de *50 Francs* par Barre. Or. Belle et rare.

194 1856. *20 Francs* par le même. Or. Beau.

195 1858. *10 Francs* par le même. Or Beau.

196 1858. *5 Francs.* Or. F.d.c.

197 1858. *2 Francs.* Essai sur flan bruni. Ar. F.d.c.

198 1866 et 1869. 1 *Franc; 50 Centimes* de 1864, 65, 1867. Ar. 8 pièces

199 1855. 10 Centimes. Ae. F.d.c.

200 **République.** Essai de *5 Francs* au buste de **Mac-Mahon** par Napoléon . MAC—MAHON I SEPTENNAT. sur la tranche *Dieu Punit La France.* Ar. F.d.c.

201 **Grèce.** *Royaume.* **Otton I.** 1833. *Drachme* 2 ps. 1/4 drachme de 1833 et 1/2 drachme de 1834. 4 ps. Ar.

202 **George** 1er 1876. *5 Drachmes* (5 Francs) par Barre. Ar. Beau.

203 *10 Lepta's* de 1836, 2 Lepta's de 1839, 1840. Lepta de 1840 (2 ps.) Ae. 5 pièces.

204 *5 Lepta's* de 1841. Ae. F.d.c.

205 **Hanovre.** *Royaume.* **Ernst August.** 1841. 1/12 *Thaler* au buste. Schwalb. n°. 111. Ar. F.d.c.

206 1842. *Thaler.* Avec A sous la tête. Schwalb 99. Ar. F.d.c.

207 1848. Deux essais en bronze **Probeversuch der Doppel Pistolen** *virole brisée.* Marque mon: A (Berlin). sur la tranche NEC ASPERA TERRENT 1848. Rev. *D'Ulhorn in Grevenbroich.* Deux pièces de de module varié. F.d.c.

208 **George V.** 1866. *1 Krone.* Or. gr. 11. F.d.c.

209 — *Double Thaler.* Schwalbach 111. Ar. Beau.

210 **Pologne** *Royaume.* **August II.** 1699. $^2/_3$ *Thaler* au buste à dr.
Rev. Ecussons de Saxe et de Pologne. Ar. t.b.c.

211 Révolution de 1831. *Ducat*, type des Ducats des **Pays-Bas.** Aigle
CONCORDIA RES PARVAE CRESCUNT (flambeau). Or. Beau.

212 **Portugal.** **Rois** **Wisigoths.** **Lusitanie.** *Tiers de Sou.*
DLITAIEATANYNVSP. Buste diadémé à dr. Rev. Croix grecque
dans une couronne de feuillage, à l'exergue CONOB. Or. Beau et
très rare.

213 *Royaume.* **Joao III.** *Cruzado,* var d' Aragao pl. XV 5 avec VINC. ∇ :
Or. t.b.c.

213a — Même pièce var. avec PORT . $\triangle$: Or. t.b.c.

214 *Cruzado Calvario* var: d'Aragao pl. XV, 6 avec ✛ IOA : III : POR :
ET : AL : RE. Rev. ✛ IN HOC : SIG—NO : VINCES. Or. t b.c. Rare.

215 **Sebastiao I.** *Cruzado.* SEBASTIANVS I. REX PORTVG. Rev.
IN — HOC — SIGNO – VINCES . Aragao pl. XIX n. 7.
Or. t.b.c.

216 **Joao V.** 1714. Moeda de Oiro de *4000 Reis* valant *4800 Reis.*
Aragao pl. XXXX n. 3. Or. Beau.

217   1730. $^1/_2$ *Escudo.* pl. XLII n. 34. Or. t.b.c.

218 **Prusse** *Royaume.* **Friedrich Wilhelm III.** 1817. $^1/_6$ Thaler. Buste
à dr. Ar. t.b.c.

219 1824. *Thaler.* Schwalb n 180. Ar. t.b.c.

220 1833. *Ausbeute Thaler.* Schwalb n 188. Ar. Beau.

221 **Friedrich Wilhelm IV.** 1842. *Friedrichs d'or.* fr. sur flan bruni. Or. F.d.c.

222 1842. $^1/_2$ *Friedrichs d'or* fr. sur flan bruni. Or. F.d.c.

223 1841. *Thaler.* Schwalb n 192. Ar. F.d.c.

224 1842. *Doppelthaler.* Schwalb n 191. Ar. Superbe.

225 1842. $^1/_6$ *Thaler*, 1 silbergroschen, $^1/_2$ silbergroschen et 1843. $2^1/_2$
silbergroschen 4 ps. Ar. F.d.c.

226 1859. *Doppelthaler.* Essai fr. sur flan bruni. Schwalb n. 201. Ar.
Superbe.

227 1842. *4 Pfenninge* 3. 2 et *1 Pfenning.* Essais fr. sur flan bruni.
Ae. 4 pièces. F.d.c.

228 1846 et 1848. *3 Pfenninge.* Ae. 2 ps.

229 **Wilhelm** 1861. *Thaler* sur son couronnement. Schwalb 204. Ar. F.d.c.

230 1861. *Doppelthaler.* Essai fr. sur flan bruni. Schwalb n. 205, Ar.
Superbe.

231   *Thaler.* Essai fr. sur flan bruni. Schwalb 206. Ar. F.d c.

232 1862. $^1/_6$ Thaler. Ar. F.d.c.

233 1866. *Siegesthaler.* Schwalb 210. Ar. Beau.

234 1871. *Siegesthaler.* Schwalb 214. Ar. Beau.

235 1874. *Fünf Mark.* Ar. F.d.c.

236 — *1 Mark.* Ar. F.d.c.

237 **Russie**. *Empire*. **Pierre I le Grand**. 1721. *Demi-Rouble*, de Chaudoir n. 604. Ar. t.b.c.

238 **Alexander Ier** 1811. *Rouble* de **Moscau**. De Chaudoir n. 2148. Ar. t.b.c.

239 1813. *20 Kopeckes*. Ar. t.b.c.
   Voir aussi le no. 155a sous la France.

240 **Nicolas I**. 1828. *3 Roubles* de platine de l'Oural fin. Essai fr. sur flan bruni. Double aigle impériale ayant sur les ailes six armoiries. Rev. En caractères russes *2 Zolotniks 41 doli de platine de l'Oural fin* à l'entour *et dans* le champ. *3 Roubles d'argent* 1828. gr. 10,5. Superbe.

241 1847. *5 Roubles* fr. sur flan bruni. Or. F.d.c.

242 1844. *Rouble*. Ar. F.d.c.

243 1845. *Demi Rouble* et 10 et 5 *Kopeckes*. Ar. 3 ps. F.d.c.

244 1846. *25 Kopeckes* ou *50 Groszy*. Ar. F.d.c.

245 5 Kopeckes de 1777. 1778. 1803. 2 Kopeckes de 1798. 1811. 1812 et *3 Kopeckes* de 1844. Ac. 7 pièces.

246 **Alexandre II**. 1859. *Rouble* à la Statue équestre de l'empereur Nicolas. Essai fr. sur flan bruni. Ar. Superbe.

247 **Sardaigne** *royaume*. **Charles Albert**. 1834. Pièce de *100 Lire* CAR . ALBERTVS D . G . REX SARD . CYP . ET HIER. Tête à g. dessous 1830, Rev. Armoiries couronnées DVX SAB . GENVAE ET MONTISF . PRINC . PED . & . L . — 100. Or. Belle. Rare.

248 **Victor Emmanuel** 1850. *20 Lires*. Buste à g. Essai fr. sur flan bruni. Or. De toute beauté.

249 — *2 Lire*. Buste à dr. Essai fr. sur flan bruni. Ar. Superbe.

250 1857. *10 Lires*. Or. Beau.

251 1858. *20 Lires*. Or. t.b.c.

252 1857. *5 Lires*. Ar. Beau.

253 1857. 1 Lire, 50 Centimes. Ar. F.d.c. 2 ps.

254 **Saxe** *Royaume*. **Friedrich August II**. 1841. *Double Thaler*. Essai fr. sur flan bruni. Schwalb. n. 224. Ar. Superbe.

255 1842. *Thaler*. Schwalb. n. 225. fr. sur flan bruni. Ar. Superbe.

256 — ⅛ Thaler. 2, 1 et ½ Neu-Groschen et ½ Neugroschen de 1856. 5 ps. fr. sur flan bruni. Ar. F.d.c.

257 1854. *Doppelthaler* sur sa mort. Schwalbach 236. Ar. Beau.

258 **Johann**. 1861. *Double Thaler*. Schwalb. n. 257. Ar. Beau.

259 — *Thaler*. fr. sur flan bruni. Ar. F.d.c.

260 1859. *Ausbeutethaler*. **Segen des Bergbaus**. Schwalb. 253. Ar. F.d.c.

261 1841. 2 Pfennige, 1842. 1 Pfennig. 2 ps. Ac. F.d.c.

262 **Suède** *royaume*. **Eric XIV**. 1563. Pièce de *Deux Mark*. Oldenburg n. 415. Ar. t.b.c.

263 **Jean III**. 1575. *2 Öre*. Oldenburg n. 520. Rare. Ar. t.b.c.

264 **Carl IX**. 1605. Pièce de *IIII Mark*. Oldenburg n. 696. Ar. t.b.c.

265 **Gustave Adolphe** 1631. Thaler **d'Erfurt** sur la victoire de **Leipzig**. Oldenb. 945. Rare. Ar. t.b.c.

266 1620. Ör de Gustave Adolphe fr. à *Nyköping*; 1 öre de 1673. S. M. et ¼ öre de 1655. Ae. 3 pièces.

267 **Christine**. 1642. *Demi Salvatorthaler*. Oldenburg n. 1029. Ar. t.b.c.

268 1643. *Demi Salvatorthaler*. Oldenburg n. 1031. Ar. Beau. Rare.

269 **Carl X Gustaf**. 1657. Pièce de *2 Mark*. Oldenb. 1342. Ar. t.b.c.

270 Série de 14 *Dalers* fr. par le Baron **von Görtz** 1715—1719. Ae.

271 **Carl XIII**. 1811. *Ducat*. Or. Beau.

272 **Carl XIV Johann**. 1818. *Ducat*. Buste nu à dr. Rev. **Folkats Karler Min. Belöning**. Or. Superbe. Oldenb. 3305. Rare.

273 1831. ½ *Riksdaler*. Oldenb. n. 3358 et ¼ *Riksdaler* de 1834. Old. 3371. Ar. 2 ps. Belles.

274 1832. ⅛ *Riksdaler*. Old. 3380. 1/12 *Riksdaler* de 1833 et 1/16 de 1835. Old. 3390. 3 ps. Ar. Belles.

275 1834. 1 *Riksdaler species*. Ar. F.d.c.

276 **Oscar I**. 1851. *Ducat*. fr. sur flan bruni. Or. F.d.c.

277 1854. *Ducat*. Or. F.d.c.

278 1859. *10 Öre*. Ar. b.c.

279 **Westphalie**. *Royaume*. **Jérôme Napoléon**. 1800. *X Thaler*. Armoiries couronnées HIERONYMUS NAPOLEON. Rev. KOENIG VON WESTPHALEN . FR . PR . -- X - -THALER -- 1810 — B. Or. Superbe.

280 1813. *10 Francs*. Buste à g. Rev. Dans le champ **10 Frank**. Or. Beau

281 — *5 Francs* au même type. Or. t.b.c.

282 1812. 20 centimes, 1809 et 1810 2 centimes; 1809. 1 centime et 3 centimes de 1810. 10 pièces.

283 **Würtemberg**. *Royaume*. **Guillaume**. 1841. *Ducat*. Essai fr. sur flan bruni. Or. Superbe.

284 1840. *Double Thaler*. Essai fr. sur flan bruni. Schwalb. 305. Ar. F.d.c.

285 1841 *Gulden*. 1840 ½ *Gulden*. 2 ps. Ar. Belles.

286 1841. *Gulden* sur son jubilé *Zur Feier 25 Jähriger Regierung*. Essai fr. sur flan bruni. Schwalb. 577. Ar. F.d.c.

287 1842. *Gulden*. Essai fr. sur flan bruni. Ar. F.d.c.

288 1852. *3 Kreuzer*, fr. sur flan bruni. Ar. F.d.c.

289 1846. *Double Thaler* sur le mariage de **Carl** prince hér. de Würtemberg et **Olga** de **Russie**. Schwalb. 306, Ar. fr. sur flan bruni. F.d.c.

290 1848. *Double Florin*. (Zwey-Gulden). Schwalb. n. 307 Ar., F.d.c.

MONNAIES DES PRINCES DE l'ÉGLISE.

291 **Rome**. *Papes*. **Paul III**. 1534—39. *Zecchine* de **Bologna**. Rev. BONONIA—DOCET. Croix fleuronnée entre l'écusson du Cardinal Gaspar Contareno et de la ville. Or. t.b.c.

292 **Innocent XI.** 1676 *Scudo* au buste à dr. par *Hameranus*. SANCTVS—
MATTHÆVS — APOST. Rossi 4203. Ar. Beau.

293 **Grégoire XVI.** 1834. *Scudo* LVMEN AB REVELATIONEM GEN-
TIVM. Ar. Beau.

294 1839. 10 et 5 *Baiocchi*. Ar. 1840. Baiocco et ½ Baiocco. Ae. 4
pièces. Belles.

295 **Pie IX.** 1846. *Scudo*. Ar. F.d.c.

296 **Bamberg.** *Evêché*. Siége vacant. 1693. *Thaler*. Sch. 4076.
Madai 780. Ar. Beau.

297 **Christoph. Franço**is. *Thaler de convention* de 1800. Sch. 4091.
Anm. Reimm. 2521. Ar. t.b.c.

298 **Cambrai.** *Evêché. Denier.* Buste épiscopal à dr. ayant deux
étoiles sur la poitrine, devant une croix formée de cinq annelets,
entouré de six globules et de six annelets. Rev. Croix cantonnée
de S S S S et entourée de six globules et de six annelets. Ar.
Beau. Rare.

299 *Archevêché.* **Maximilien de Berghes.** 1569. *Demi thaler.* MAX . A .
BERG . ARCH . Z . D . CAM . S . IP . P . C . CAM. Ecu
heaumé de des Berghes. Rev. Double aigle couronnée. MAXIMILI .
II . R . OMA . IM . SEM . AVG . 15 . 69. Ar. b.c. Rare.

300 — *Florin d'or.* M ° A° — ° BERGIS ° D ° — ° G ° EPS ° &
D ° O ° S ° IM + Quatre écussons posés en triangle. Rev. FER-
DINANDVS ° ROMA ° IMP ° SEMP ° AV. Double aigle. Or.
t.b.c. Rare.

301 **Cologne.** *Archevêché.* **Thierry de Meurs.** *Florin d'or* fr. à
Riele. Trois écussons posés en triangle. Or. Beau.

302 **Ruprecht du Palatinat** *Florin d'or* de **Riele** * ROPERT'EL—C'
CONF' COL. Le Saint assis, à ses pieds l'écusson mi parti Co-
logne—Palatinat. Rev. MONE' ❀ NOVA ❀ AVREA ❀ RILEN'
Or. t.b.c.

303 **Salentin von Isenburg.** 1571. *Thaler* de **Deutz.** * SALENTIN +
ELECTVS − × ECCLES + COLONIEN + Rev. Armoiries
heaumées * MONETA * NOVA * − * ARGEN * TVICII * —
+ — +. Ar. t.b.c.

304 **Corbie.** Abbaie. **Florent von der Velden.** 1713. *Jubelthaler* SO-
LEMNI RITU IUBILÆUM etc. Madai 949. Sch. 5158. Reimmann
2903. Rare. Ar. t.b.c.

305 **Eichstätt.** *Evêché.* **Johann Conrad von Gemmingen** 1606. *Thaler*
IO : CONRAD' D : G : EPS — EYSTET * Trois écussons, dessous
1606. Rev. + SANCTVS — WILLIBALDVS. Le Saint assis. Ma-
dai 800. Sch. 4185. Reimm 2547. Ar. doré. b c. Fort rare.

306 **Hervord** *Abbaie* **Anna de Limbourg** 1520 — 1566. *Mariengroschen*
* MON ° DOMI ° ET ° CIVI ° HERV. Ar. t.b.c. Rare.

307 **Liége.** Evêché. Prévôt inconnu. *Denier* de Visé. de Chestret n. 115
Ar. t.b.c.

308 **Rodolphe de Zaeringen.** *Denier.* de Chestret n. 119. Ar. b.c.

309   *Denier*. De Chestret n. 122. Ar. b.c.

310   *Denier* à l'église de Sainte-Marie, de Chestret n. 126. Ar t.b.c.

311   **Jean d' Enghien.** *Esterlin* au lion. Ch. 207. Ar. t.b.c.

312   **Ernest de Bavière** 1611. *Teston* de *15 patards*. Buste à g.
ERNESTVS . DE . GR . EPISCOPVS . LEODI, Rev. DVX .
BVLLONIENSIS * — * Armoiries accostées de 16—11, dessous
X. V. Var. de de Chestret pl. XXXVIII. n. 550. Ar. b c. Rare.

313   **Ferdinand de Bavière** 1614. *Daelder* de *XXX Patards*, de Chestret
pl. XLII n. 589. Ar. a.b.c.

314   1625. *Daelder* de *XXX Patards* au buste, pl. XLII. n. 591 Ar. a.b.c.

315   **Maximilien Henri de Bavière.** 1661, Escalin. pl. XLVI.636. Ar. b.c.

316   **Magdebourg.** *Archevêché.* **Albert de Brandebourg** 1538. *Thaler*
ALBERT . CARDI . ARHHE . MAGD. Ecusson écartelé. Rev.
Son buste à dr. DOMIN' MIHI . ADIVTOR' QVEM . TIM . 1538.
Schulth. 3403. Ar. t.b.c. Rare.

317   **Mayence.** *Archevêché.* **Albrecht** Margrave de **Brandebourg.**
1515 *Florin d'or.* ꟿꓳꓵ꓅ ◦ — ◦ ꓓ꓅ꓥ꓾ ◦ — ꓵ꓾ꓵ ◦ 1515 ◦
Or. t.b.c.

318   **Münster.** *Evêché.* **Erich I** Duc de **Saxe Lauenbourg.** 1508—1522
Schilling ꓓꓵꓲ꓍ꓦꓢ * ꓓ꓃Ꟛ' * ꓟꓳ' * ꓥ꓿ * ꓓꓵ꓿Ꟛꓵꓲꓓ *
ꓦꓢ' * ꓳ'. Armoiries heaumées. Rev. ◦ Ꟛ' ꒒ ꓑꓥꓦꓡꓦꓢ ꒒ ꓥ —
ꓑꓳꓢ꓅ꓳꓡꓡꓦꓢ ꒒ Saint Paul assis, dessous les armoiries de Münster.
Grote Münzstudien t. 1. p. 287. pl. 22 n. 53. Ar. Beau. Fort rare.

319   **Christophe Bernhard von Galen** 1678. *Thaler* sur son décès. Madai
841. Sch. 4545. Ar. t.b.c.

320   **Nivelles.** *Abbaie.* *Denier.* v. d. Chijs. pl. IV. 6. Ar. t.b.c.

321   **Paderborn.** *Evêché.* **Clément August.** 1723. *Thaler* au buste
à dr. Madai 878. Schulth. 4668. Ar. Beau. Rare.

322   1761. *Siège vacant. Thaler.* Schulth. 4670. Ar. Beau.

323   **Salzbourg.** *Evêché.* **Paris** comte de **Lodron.** 1623. *Thaler.*
Ar. t.b.c.

324   **Thorn.** *Abbaie.* **Marguérite de Bréderode.** *Angelot* ꓢꓥꓓ꓅ꓦꓢ
ꓟꓲ꓍ꓦꓵꓡ ꓥꓦ꓍ꓦ꓾ꓥꓓꓡ ☩ Le Saint debout à g. regar-
dant à dr. Rev. ꓟꓳ꓾ꓓ꓅ꓥ ꓓꓳꓦꓥ ꓦꓦꓢꓵꓥ ꓅ꓦꓳ-
ꓢꓓ꓾ꓢꓲꓢ. Navire portant les armoiries, surmontée de ꓟ—B
v. d. Chijs. pl. XVII n. 6 Or. Beau. Fort rare.

325   — *Ducat* à la Madone MONE * NOVA — AVRE * THORE,
Rev. FERDI * ROMA * IMPE * SEM * AVGV. Buste couronné
à dr. v. d. Chijs. pl. XVI n. 2 Or. t.b.c. Rare.

326   **Trèves.** *Archevêché.* **Lothar de Metternich.** *Double Albus* de
Coblence LOTHARIVS . D . G . AR . TR . P . E. Le Saint debout.
Rev. MONETA . NOVA . AR . CON. Armoiries. Ar. b.c. Rare.

MONNAIES DES PRINCES LAÏQUES.

327   **Aquitaine.** Edouard III d'Angleterre. Noble ƎD—WARD DEI G REX ANG Ʒ FRA × DNS HYB×Ʒ× A—T. Or. t.b.c.

328   **Bade.** *Granddhuche.* **Ludwig.** 1825. *Doppelgulden.* Ar. t.b.c.

329   **Léopold.** 1842. *Ducat.* **Ein Ducat aus Rheingold zu 22 K. 6** Essai fr. sur flan bruni. Or. Superbe.

330   1836. *Kronen-Thaler.* **Zu Ihrer Volcker Heil.** Ad. Meyer n. 2744. Essai fr. sur flan bruni. Ar. Superbe.

331   1841. *Double Thaler.* Son buste à dr. Essai fr. sur flan bruni. Ar. Superbe.

332   — 3 *Kreuzer.* fr. sur flan bruni. Ar. F.d.c.

333   1842. *Gulden* et ½ *Gulden.* fr. sur flan bruni. Schwalb. 17. Ar. F.d.c.

334   1844. *Kreuzer* à la statue de *Carl Friedrich.* (Essai). Ae. F.d.c.

335   1842. 6 *Kreuzer* et 3 *Kreuzer,* 3 *Kreuzer* de 1867 et 70. *Kreuzer* de 1842. Ae.

336   1846. *Double Thaler.* Schwalb 13. fr. sur flan bruni. Ar. F.d.c.

337   **Bavière.** *Electoral.* **Maximilien.** 1625. *Thaler.* Ar. t.b.c.

338   **Maximilian Joseph.** Electeur 1767 *Thaler.* Buste à dr. Armoiries tenues de deux lions. Ar. b.c.

339   **Bourgogne.** *Comté.* **Philippe IV** 1658. *Quart d'Ecu Philippe.* Son buste à dr. PHIL . IIII . D . G . REX . HISP . INDIAR . Rev. ARCH . AVST . DVX . ET . COM . BVRG . Zc. gr. 8. Ar. a.b.c. Rare.

340   **Brabant.** *Duché.* **Jean Ir.** 1268—1294. Esterlin au lion avec W — A — L T dans les cantons du revers, de Witte. n. 242.*bis* Ar. t.b.c.

341   **Jean II.** *Gros* au chastel de **Bruxelles** variété de de Witte n. 302. avec MONETA : BRVXEL' et au revers BRABANTIE : DVX. Ar. Beau.

342   — *Gros* aux quatre lions, var: inédite de de Witte pl. XIII. n. 318. avec ✠ BRABANTIE DVX et BENEDVM au lieu de BENE-DICTVM. Ar. Beau.

343   **Marie de Bourgogne** 1478 *Briquet* et *Double Sou* de **Charles le Téméraire** de 1474 fr. pour la Flandre. Ar. 2 pièces.

344   Minorité de **Philippe le Beau. Maximilien et Philippe.** 1488. *Demi Noble ou Scuilken.* MO' × NO'×RE'× Ʒ × PHʼI × ARDVC' × AVS' × B'G' × BRA' × Ʒ × LIM' var : de de Witte pl. XXX 534. v. d. Chijs pl. XVIII. 4. Or. t.b.c. Rare.

345   **Charles V.** 1544. *Couronne d'or* fr. à **Anvers.** Etoile CARO : D : G : RO : IMP : HSP : REX : DVX : BVRG : Z : BRA. Rev. ✠ DA : MIHI : VIRTVTE : COTRA : HOSTES TVOS : 1544. de Witte pl. XXIX n. 164. v. d. Chijs pl. XXIV n. 6. Or. t.b.c.

346   **Philippe II.** 1569. *Ecu* à la croix de Bourgogne fr. à **Maestricht.** de Witte pl. XLIV n. 737. Ar. t.b.c.

347 1571. ¹/₅ *Ecu Philippe* contremarqué à l'écusson de **Zélande**. De
Ar. t.b.c. Rare.

348 *Demi Réal d'or*, avec lis comme marque monétaire de Bruges et
avec **B** dans le champ derrière la tête, de Witte pl. XLI n. 705.
var. avec ADIVTOR. Or. fort rare.

> Du 24 Octobre 1576 au 25 Janvier on frappa à Bruxelles, avec des coins
> fournis par l'atelier de Bruges 9.388 demi-Réaux d'or. de Witte II p. 249.

349 1576. *Ecu Philippe* avec main comme marque monétaire d'Anvers et
avec **B** dans le champ derrière la tête. de Witte, pl. XLII n. 718.

> Du 24 Octobre 1576 au 25 Janvier on frappa à Bruxelles avec des coins
> anversois, 52.242. Daldres au nom de Philippe.

350 **Les Etats.** *Lion d'Or* 1584. Lion assis sous un dais gothique.
de Witte pl. XLIX n. 800. Or. b.c. Rare.

351 **Albert** et **Elisabeth.** 1602. *Double Albertin.* fr. à **Maestricht.**
ALBERTVS . ET — ELISABETH . D . G. Armoiries couronnées,
entourées de la toison d'or. Rev. (Etoile) ARCHIDVCES . AVST .
DVCE . BVRG . ET . BR . Z. Or. t.b.c. Rare.

352 1601. Pièce de X Sols ou *Demi Florin.* Ar. t.b.c.

353 **Philippe IV.** 1631. *Demi Ducaton* fr. à Anvers PHILIP . IV . D .
G . HISP . INDIARVMQ . REX . 16. 31. Rev. — ARCHID . AVST .
DVX . — . BVRG . BRABANT . Z^c —. Lion debout derrière les
armoiries couronnées, tenant glaive et sceptre. Piedfort. Ar. gr. 32,5
Superbe.

354 1644. *Double Souverain* fr. à Anvers. Buste couronné à dr. .
PHIL . IIII . D . G . HISP . ET . INDIAR . REX . 1—6 44.
Rev. . ARCHID . AVST . DV — X . BVRG . BRAB . Z_c. Or. Beau.

355 1665. *Demi Ducaton* fr. à Anvers. Ar. b.c.

356 **Philippe V.** 1703. *Ducaton* fr. à Anvers. Son buste à dr. Ar. Beau.

357   Même pièce, variété. Ar. t.b.c.

358 1749 et 1750. *Demi Liard* et *Liard* de Marie Thérèse et 1789 et
1790 *Liard* et *demi Liard*. 9 pièces. Ae.

359 **Révolution brabançonne.** 1790. *Lion d'or.* Or. gr. 8.2. F.d.c.

360 1790. *Couronne* ou pièce de 3 *Florins*. Ar. Beau.

361 — *Florin.* DOMINI . EST . REGNUM. Ar. Beau.

362 — *Demi Florin* (X Sols) IN VNIONE SALVS fr. en essai. sur flan
bruni. Ar. F.d.c.

363 Même pièce. petite variété. Ar. Belle.

364 **Brandebourg Prusse. George Wilhelm.** 1626. *Ort* fr. pour
la Prusse. Buste à dr. Rev. SA . ROM . IMP . AR — CHIC' EL .
D . PRVS. Henckel 3257. Ar. t.b.c.

365 — **Ansbach. Johann Friedrich.** 1676. ¹/₆ *Thaler.* Ar. b.c.

366 **Broich. Seigneurie. Thierry VI** 1397—1439. *Denier* ꝺIꝺꬲ-
RIChχ × GRꬲVꬲ. Le comte à mi-corps. Revers ꟽOꝆꬲꞀꝆ ꙩ
ꝆOVꞀ ꙩ BROGꞘꬲ. Une rose dans le champ. Variété inédite.
du „Cte de Limburg Stirum. Revue Belge 1896. pl. XII. n. 32.
Ar. a.b.c. Fort rare.

366 **Brunswick à Grubenhagen.** *Duché.* **Philippe II**, 1595. *Thaler* au buste cuirassé à dr. VGG * PHILIP * HERZOG * ZV * BRAVN . V * L—VN. Schulth. 6290. Ar. t.b.c.

367 **Brunswick—Wolfenbüttel. Johann Friedrich** 1668. *VI Mariengroschen.* Ar. t b.c.

368 **Rudolphe August.** 1670. *XII Mariengroschen* au sauvage Ar. Beau.

369 1681. *Thaler* au sauvage . D G RUDOLPH AUGUSTUS DUX BRUNS ET LUN: Armoiries à cinq heaumes. Rev. REMIGIO ALTISSIMI . ANNO . 1681. Sauvage près d'un palmier entre R—B. manque à Schulthess-Rechberg, Knyphausen. Ar. Beau. Rare.

370 — **Hanovre. George II.** 1760. 2/3 *Thaler* au cheval. Ar. t.b.c.

371 **George IV.** 1823. 2/3 *Thaler* au buste à g. Ar. b.c.

372 — **Lunebourg. Wilhelm.** 1840. 1/6 *Thaler.* 4 *Gute Groschen.* Schwalb. 84. Ar. Superbe.

373 1841. *Thaler* fr. sur flan bruni. Schwalb. 58. Ar. Superbe.

374 1842. *Doppelthaler.* Sa tête à dr. signée FRITZ F. Essai fr. sur flan bruni. Schwalb. n. 59. mais FRITZ. Ar. De toute beauté. Rare.

375 1856. *Doppelthaler* sur le Jubilé de son règne de 25 ans. Schwalb. 64. Ar. Beau.

377 **Elincourt** *Seigneurie.* **Gui IVde Saint Pol.** *Gros tournois* G' COMES S'PAVLI. Rev. MONETA ELINET. Ar. t.b.c. Rare.

378 **Jean de Luxembourg.** *Gros Cromstaert.* Billon. Rare. b.c.

379 **Flandre.** *Comté.* **Philippe de Thiette.** *Gros* au portail d'Alost. MONETA . AL . OST. Rev. PH COIT FLAND. Ar. b.c. Très rare.

380 **Louis I de Crécy.** 1322—1346. *Demi gros de Gand.* MONETA GANDENSIS. Gaillard 187. Ar. t.b.c.

381 **Louis II de Male.** *Réal d'or* à l'aigle. Le comte assis sur un trône, tenant un écu à l'aigle. Gaillard 207. Or. t.b.c.

382 — *Agnel d'or.* L'agneau pascal à g. Gaillard 210. Or. Beau.

383 — *Lion heaumé.* Lion heaumé assis à g. dessous FLANDRES. Or. Beau. Gaillard 214.

384 *Gros au lion.* Gaillard 224. Ar. b.c.

385 **Philippe le Bon.** *Cavalier d'Or.* PH'S DEI GRA DVX BVRG Z COMES FLANDRIE. Cavalier armé de toutes pièces, dessous × FLAD' × Or. b.c.

386 *Lion d'or.* Lion assis sous un baldaquin. Or. Beau.

387 **Charles le Téméraire.** *Demi florin d'or* au St. André KARO . . . . GRA CO FLAND. Armoiries. Rev. SANCTVS— ANDREAS. Le Saint André sur la croix. Or. b.c. Fort rare.

2

387*a* **Maximilien d'Autriche.** Minorité de **Philippe le Beau.** *Grand réal d'argent.* Buste cuirassé de l'empereur à dr, tenant épée et globe. CVSTODIAT : CRATOR : OMNIV' ⚜ HVMILE' ⚜ SERV' ⚜ SVV (briquet). Rev. Grande monogramme. DET : TIBI : MTRIS : VIRT (briquet). ET : IN : CECIS : GLORIA (briquet). Superbe pièce. De la plus haute rareté. Authentique. *Voir la gravure.*

388 **Philippe le Beau.** *Florin d'or* au St. Philippe. S ⚜ PHLIPE ⚜ INTERCEDE — DO ⚜ NOBI — S. Le Saint dans une bordure de demis cercles. Rev. PHS A — RC ⚜ AV — DV ⚜ BG — CO ⚜ FL. Armoiries. Or. b.c. Rare.

389 **Gronsfeld.** *Seigneurie.* **Jean de Bronckhorst.** *Florin d'or* rhénan *IOS ○ D ○ BRO — BA ○ I ○ GRO *. Le Saint assis de face; à ses pieds, écusson au lion de Gronsfeld. Rev. ○ MONE ○ — ○ NOVA ○ — ○ AV ○ GRO ○. Armoiries, dans un cartouche trilobé, accostées de trois écussons. Variété de v. d. Chijs. pl. IX. 7. Or. t.b.c. Fort rare.

390 — *Guldenthaler* au buste presque de face du baron IOES * D * BRONCHORST * BARO * IN * GRONSFELT. v. d. Chijs. pl. X n. 12. Ar. b.c. Fort rare.

391 — *Demi Thaler.* Buste du baron presque de face IOES * D * BRONCHORST * BARO * IN * GRONSFELD. Rev. Ecussons heaumés de Bronckhorst et Gronsfeld ⊦I⊦ MONE * NO * ARGEN * LIBERI * BARONA * GRONSF. v. d. Chijs pl. IX. 9. Ar. a.b.c. Extrêmement rare.

392 **Guillaume de Bronckhorst.** 1/4 *Thaler.* SANCTA * MAR — IA * VIRGO ⁑ La Madone avec l'enfant. Rev. + MONETA ❀ NOVA ❀ ARGENTEA ❀ DO ❀ I ❀ G ❀ Lion rampant. Revue Belge 1877. pl. I, 5. Ar. b.c. Fort rare

393 **Juste Maximilien de Bronckhorst.** s. d. *Thaler.* Armoiries entourées d'une double légende. Madai. 1698. Schulth. 5072. Ar. t.b.c. Rare.

394 **Jean François de Bronckhorst** seigneur **d'Eberstein, Rimberg, Alpen et Honnepel.** 1693. *Florin* (2/3 Thaler) contremarqué au „*Frankische Kreis*". Armoiries couronnées. Rev. Monogramme. Madai 4198. Ar. Beau. Rare.

395 **Hainaut.** *Comté.* **Guillaume Ier.** *Gros* à la monogramme de Valenciennes. Chalons n. 49. Ar. t.b.c.

396 **Herstal. Henri de Louvain.** Esterlin au lion. v. d. Chijs pl. I. 4. Ar. t.b.c.

397 **Jean de Louvain.** *Gros* à l'écu au lion, var. de v. d. Chijs pl. I. 10. Ar. a.b.c.

398 — Même pièce. v. d. Chijs, pl. I, n. 10, Ar. ébréchée.

399 **Hesse.** *Landgraviat.* **Guillaume I.** Gros St. Pierre sur l'écusson. Rev. Trois écussons posés en triangle WILHELM ⸏ D ⸏ G ⸏ LANTGRA ⸏ HASSI. Ar. b.c.

400 **Hesse-Darmstadt.** *Granddduché* **Ludwig II.** *Zehn Gulden* (10 Florins) LUDWIG II GROSHERZOG VON HESSEN. Buste à g. Rev. Armoiries, dessus ZEHN GULDEN, dessous II. 18—42; R. fr. sur flan bruni. Or. F.d.c.

401 1842. *Fünf Gulden* (5 Florins) fr. sur flan bruni. Or. F.d.c.

402 1834. *Kreuzer* fr. sur flan bruni. Ar. F.d.c.

403 1839. ¹/₂ *Gulden* fr. sur flan bruni. Ar. F.d.c.

404 1841. *Double Thaler.* Schwalb. 116. Ar. Beau.

405 1842. *Gulden* fr. sur flan bruni. Schwalb. 148. Ar. F d c.

406 1847. *Double Florin.* Schwalb 118. Ar. Beau.

407 1841. 6 *Kreuzer* et 3 *Kreuzer.* Ar. F.d.c.

408 1858 et 1863. *Kreuzer.* t.b.c.

409 **Hesse-Cassel.** *Electorat.* **Wilhelm II et Friedrich Wilhelm** corrégent. 1842 *Thaler* frappé en essai. sur flan bruni. Schwalb. n. 123. Ar. De toute beauté. Rare.

410 1842. ¹/₆ *Thaler*, 2 *Silbergroschen* et ¹/₂ *Silbergroschen et 1 Silbergr. de 1841;* 4 pièces frappées en essai. Ar. F.d.c.

411 **Hesse-Homburg.** *Landgraviat.* **Ludwig II.** 1838. *Gulden* au buste en uniforme à g. Schwalbach 172. Essai fr. sur flan bruni. Ar. Superbe.

412 — 1838. ¹/₂ *Gulden.* Essai fr. sur flan bruni. Schwalb. 173. Ar. Superbe.

413 **Ferdinand.** 1858, *Vereinsthaler.* Schwalb. 132. Ar. F.d.c.

414 **Hohenzollern Sigmaringen.** **Carl Anton.** 1842. *Kreuzer.* Ar. F.d.c.

415 **Holstein Norburg.** *Duché.* **Johann Adolphe à Gottorp.** 1614. *Thaler.* Buste à dr. IOHAN ADOLPH . D . G . HERES NORVEGI . DUX . Rev. Ecusson à trois heaumes SLEIS . HOL . ST — — DIT . CO : O : E : DEL. Ar. t.b.c.

416 **Hornes.** *Comté.* **Philippe de Montmorency.** *Sprenger.* v. d. Chijs. pl. XII. 17. Ar. t,b.c.

417 — *Thaler* **de Weert.** variété inédite. Avers v. d. Chijs. pl. XII. 9. Revers de v. d. Chijs. pl. XII. 13. PHILIPPVS * A * MOMMERE — N * CO * D * HORN. Ar. t.b.c. Rare.

418 — *Demi Thaler.* PHS '* BAR ⚥ D * MONTM '* C⚥ AB — HORN × D º D × WIERT. Compz. v. d. Chijs. pl. XI. 10. Ar. b.c. Rare.

419 **Jever.** Seigneurie. **Marie.** *Thaler* de 1567. MARIA ✿ G ✿ D ✿ V ✿ FR ✿ T ✿ IEVER ✿ RV ✿ OS ✿ V ✿ W. Ecusson heaumé entre 6 — 7. Rev. Daniel dans la fosse aux lions NACH * DES * H * REICHS * SCRODT * VND * KORN ✱ Ar. t.b.c.

420 **Juliers.** *Duché.* **Rénaud** 1402—23. *Florin d'or* au St. Jean. Or. Beau.

421 **Les Princes occupants.** Pièce de *6 Sols* MON . NO . ARG . DVC . CLI . IVL . E . M . ONT . Au titre de Mathias. Ar. b.c.

422 **Knyphouse.** Guillaume Gustave Fréd. *Comte* **Bentinck** 1807.
Pièce de *9 Grote.* Merzdorf 77,144. Ar. F.d.c.

423 **Leiningen-Westerburg.** Comté. **Ludwig.** 1610. *VIII Pfen-
nig LVD* . COM . IN . LEINING . E . RIX. Trois écussons sous
une couronne. Rev. DOMI . IN . WEST . ET . SCH . S . R . I .
S . L . Dans le champ VIII — PFENIG — 1610. Ar. t.b.c.

424 **Lorraine.** *Duché.* **Léopold I.** 1700. *Thaler.* Buste à dr. LEOP .
I . D . G . D . LOT . BA . REX . IER . Rev. Armoiries cou-
ronnées IN . TE . DOMINE — SPERAVI . 1714. Madai. 3809.
Ar. Beau.

425 — 1725. *Écu ou Aubonne.* LEOP . I . D . G . D . LOT . BAR
REX . IER. Son buste à dr. Rev, Armoiries écartelées à huit
quartiers. Ar. t.b.c.

426 **Mansfeld à Eisleben.** *Comté.* **Johann Georg I, Peter Ernst** et
Christoph. 1560. *Thaler.* IOHAN . GEOR . PETER . ERNST .
CHRISTO. Rev. Deux armoiries juxtaposées et heaumées. Madai
4263. Ar. t.b.c.

427 — **à Schraplau.** **David,** 1605. *Thaler.* BEI . GOT . IST . —
RATH . VND . THAT . 16—05. Ar. t.b.c. Rare.

428 — **à Bornstädt.** **Bruno II, Wilhelm, Johann Georg** et **Volrath.**
1610. *Thaler* au St. George. COMI : E : DOMI : I : MANSFE :
NOB : DO : I : H : Ar. t.b.c.

429 **Mecklenbourg Schwerin.** **Adolph Friedrich.** 1623. *Thaler*
au buste cuirassé à dr. Madai 1355. Ar. t.b.c. Rare.

430 **Nassau-Weilburg.** **Wilhelm.** 1838. *Gulden.* fr. sur flan bruni.
Schwalb 272. Ar. Très beau.

431 1839. *½ Gulden.* fr. sur flan bruni. Schwalb 273. Ar. Superbe.

432 **Adolphe.** *Double thaler* de 1840. frappé en essai sur flan bruni.
Son buste à dr. signé *Zollmann.* Schwalb. n. 150. Ar. De toute
beauté. Rare.

433 1841. *Gulden.* Schwalb. 276. Ar. Beau.

434 1841. *½ Gulden.* Schwalb 277. Ar. F.d.c.

435 1841. 6 *Kreuzer* et 3 *Kreuzer.* Schwalb 278 et 279. Ar. F.d.c.

436 1847. *Double Florin.* (Zwey Gulden). Schwalb 153. Ar. F.d.c.

437 Même pièce. fr. sur flan bruni. Ar. Superbe.

438 *Kreuzer.* 1830 et 1842. Ae. 3 *Mariengr.* de Hanovre 1817. Ar.

439 **Oldenbourg.** *Duché.* **Paul Friedrich August.** 1840. *Doppelthaler.*
fr. en essai sur flan bruni. Schwalb 176. Ar. De toute beauté. Rare.

440 1846. *Thaler.* fr. en essai. Schwalb 177. Ar. Superbe.

441 **Nicolaus Friedr. Peter.** 1860. *Vereinsthaler.* fr. en essai. Schulth. 178.
Ar. Superbe.

442 **Ostfrise.** *Comté.* **Enno III.** 1622. *Thaler* au buste à dr. Madai
1848. Ar. t.b.c.

443 **Reuss.** *Principauté.* **Heinrich LXVII.** 1862. *Vereinsthaler* fr. sur
flan bruni. Schwalb. n. 220. Ar. Superbe.

444 **Savoie.** *Duché.* **Charles Emmanuel.** *Scudo* de 1591. Buste à dr.
CAR . EM . D : G . DVX . SABAVD . P . PED. Rev. Armoiries
entre FE—RT . DEVENRE MARIS DEVS . PROTECTOR . MEVS.
Ar. t.b.c.

445 **Christine de France** et **Charles Emmanuel II.** 1642. *Quatre Scudi.*
Bustes accolés à dr. CHR . FRAN . CAR . EMAN . DVCES . SA.
Sous les bustes 1642 dans un cartouche orné. Rev. Ecusson écar-
telé et couronné P . P . PEDEMON . REGES . CYPRI. Or. gr.
13.3. t.b.c.

446 **Saxe-Gotha. Johann Casimir** et **Johann Ernst.** 1589. *Demi Thaler.*
Bustes opposés. Rev. Les armoiries de Saxe entourées de 13 écus-
sons. ⚜ LANTG . THVR . ET . MARCHIO . MISN . MONE . IMPERI.
Ar. t.b.c.

447 **Saxe Weimar** *ancien.* **Friedrich Wilhelm.** 1602. *Sterbethaler*
(Thaler sur son décès). Madai 1459. Ar. t.b.c.

448 **Johann Ernst** et ses frères, 1615. *Thaler* aux huit bustes. Reimm.
4527. Ar. b.c

449 **Saxe Albertine. Johann George I.** 1617, *Demi Thaler* fr, en
mémoire des fêtes de Noël 1617. VT SALOMOM SIC ECO MA-
TREM. Ar. t.b.c.

450 — 1656. *Sterbethaler* (Thaler sur sa mort). Buste de face dans
une triple légende. Rév. Légende en 10 lignes. Madai 536. Ar. t.b.c.

451 **Schaumbourg. Ernst** s.d. 6. *Stüber* D . G . ERN—ES . D—GO.
HOL—S . E . S. Armoiries couronnées. Rev. Double aigle et titre
de Mathias. Ar. b.c.

452 **Schwarzbourg-Rudolstadt. Friedrich Günther.** *Double
Florin.* 1846 Schwalb n. 291. Ar. Superbe.

453 — 1863 *Vereinsthaler.* Schwalb. n. 293. Ar. Beau.

454 **Tournai. Albert** et **Isabelle.** 1608. Pièce de 3 *réaux* DOM .
TORNI. Ar. b.c.

455 — 1610. Même pièce. DOM . T — OR. Ar. b.c.

456 **Transylvanie. Christoph Bathori.** 1580. *Feldtthaler.* Variété de
Brause pl. 38.2. Armories couronnées, sur la couronne 1 : 5 : 8 : 0.
en haut C : B . D : S. Ar. Beau. Rare.

MONNAIES DES VILLES. MONNAIES OBSIDIONALES ET
DE NÉCESSITÉ.

457 **Aix-la-Chapelle . Frédéric I Barbarousse.** 1152 — 1190. *Denier* FRE-
DERI—IMPR. L'empereur couronné assis tenant l'épée et le globe
impériale. Dans le champ une étoile. Revers ROMA CAPVT
MVNDI. Eglise. Farina n. 1919. Ar. b.c, Rare.

458 — Sans date. Pièce de *32 Mark.* Ar. t.b.c.

459 **Amsterdam.** 1578. Obsidionale de *40 Sols.* Maillict pl. IV.6. Com-
parez v. Loon I. 253 — 249 n. 1. Contremarquée de P. G. en monogr.
Ar. Belle.

460　**Amsterdam** 1578. Obsidionale de *20 Sols*. Maill. pl. IV.9. Compz.
v. Loon. 253 — 249 n. 2. Ar. Belle.

461　— Obsidionale de *X Sols*. Maill, pl. IV.10. Compz. v. Loon 253—
249 n. 3. Ar. t.b c.

462　— Obsidionale de *5 Sols*. Mailliet pl. IV.15. Compz. v. Loon.
253—249. n. 4. Ar. t.b.c.

463　1672. *Ducaton* fr. pendant l'invasion des Français. Var: de Verkade
pl. 42.3. avec PARVÆ — CRESCVNT, et de Mailliet suppl. pl.
3. n. 5. Ar. Rare. t.b.c.

464　1673. *Ducaton* fr. en piedfort. Var: de Verk. pl. 43.3 et de Mailliet
Suppl. pl. 3. n. 6. avec CONF — BELG : PROV . HOLL. — ☺
et au revers CRESCUNT . 16 . 73. Ar. Rare. F.d.c.

465　**Anvers** assiégée par les Alliés 1814. Pièce de 10 *Centimes*. Mail-
liet pl. VI. n. 3. Ae.

466　**Augsbourg.** 1625. *Thaler*. SANT: VDALRICVS — EPIS : AVGVS-
TANVS. Ar. Beau.

467　**Autun ?** *Tiers de Sou d'or* mérovingien, imitation Justinienne.
DNI . IVSTINIANVS. Buste couronné à dr. Rev. Victoire à. g.
VICTORIA AVGVSTORVM **DVNO.** Or. Beau.

468　**Besançon.** 1666. *Thaler* au Charles Quint debout. MONETA . CIVIT .
IMPER . BISVNTINÆ. Ar. t.b.c.

469　**Bocholt.** 1761. XXI Heller. *60 Einen Reichs-Thaler.* Ae. b.c.

470　**Bréda** assiégée par les Espagnols en 1625. Monnaie obsidionale de
40 Sols. Mailliet pl. XVII. 13. Ar. Belle.

471　— *II Sols*. Mailliet pl. XVIII. 15. Ae. t.b.c.

472　**Bruxelles.** 1580. Monnaie obsidionale de *36 Sols*. Mailliet pl. XX n. 6.
Ar. Belle. Rare.

473　**Coesveld.** VIII. *Pfennige* de 1691 et de 1713 et IIII *Pfennige* de 1763.
3 ps. Ae. t.b.c.

474　**Cologne.** 1569. *Thaler* * MO * NO * — AR * — * CI — * COLON.
Armoiries entre 15—69. Revers. Double aigle couronnée * MAXI-
MILI * II * IMP * AVG * P * F * DECRETO. Ar. t.b.c. Rare.

475　— 1753. *Ducat.* DUCAT CIVIT COLON 1753. Armoiries entre G—H.
Or. F.d.c.

476　**Deventer** assiégée par l'Evêque de Munster et par les Français 1672
Ecu ou *Rijdsdaelder*. Aigle couronnée. Mailliet pl. XXXVII, 12.
Ar. Beau. Carré.

477　— *Demi Rijksdaelder.* pl. XXXVII, 14. Ar. Beau.

478　**Duurstede. Charlemagne** 768-810. *Denier* CARLVS REX FR. Croix.
Rev. DORESTADO. Monogramme de Charles. Ar. t.b.c. Rare.

479　**Lothaire Ier.** 817-855. *Denier* IOTANVS IMP EMPAT. Rev. DO-
RESTATVS MON. Temple. Avers a.b.c. Revers b.c. Rare.

480　**Emden.** *Thaler au lion* (Löwenthaler) de 40 Sous MONETA NOVA
AR 40 . S . CIVITAT : EMB : Ar. t.b.c.

481　**Erfurt.** 1632. *Thaler* inédit MON : ARGENTEA . CIVITAT . ERF-

FORDENSIS. Armoiries heaumées tenues de deux supports. Rev.
DATE . CÆSARIS CÆSARI . ET . QVE . DEI . DEO . ✠ .
Armoiries écartelées, dessus 16—32, dessous E—W. Ar. t.b.c. Fort
rare. *Voir la gravure.*

482   **Franckfort s/M.** *Florin d'or.* ꟿ𝕺𝕹𝕰𝕿 o 𝕹𝕺 — ꟻ𝕽𝕬𝕹𝕮ꟻ'𝕺'
Le Saint Jean Baptiste incliné à dr. Or. b.c.

483   1840. *Double Thaler.* Vue de la ville. Essai fr. sur flan bruni
Schwalbach 72. Ar. De toute beauté.

484   1842. *Double Thaler.* Aigle couronnée. Schwalb. 71. fr. sur flan
bruni. Ar. Superbe.

485   1842. *Gulden.* Essai fr. sur flan bruni. Schwalb. 601. Ar. Superbe

486   — ¹/₂ *Gulden* sur flan bruni. Schw. 602. Ar. F.d.c.

487   — 6 *Kreuzer* fr. sur flan bruni. S. 603. Ar. F.d.c.

488   1842. 6, 3 et 1 *Kreuzer.* Ar. F.d.c. 3 ps.

489   1845. *Double Florin* (2 Gulden). Essai fr. sur flan bruni. Schwalb.
73. Ar. Superbe.

490   1849. *Double Florin* fr. en mémoire de **Goethe.** Schwalb. 77. Ar. t.b.c.

491   1851. *Double Thaler* au buste. Schwalb. 83. Ar. Beau.

492   **Goslar.** *Bractéate.* Grote, Münzstudien t. II. pl. 33.8. Ar. t.b.c.

493   **Groningue** assiégée par les Evêques de Munster et de Cologne
1672. Ecu de *50 Sols* sans légende au revers. Mailliet pl. XLIV
n. 7. Ar. Beau.

494   — *25 Sols* pl. XLIV n. 11. Ar. t.b.c.

495   — 12¹/₂ *Sols.* pl. XLV.13. Ar. Beau.

496   — 6¹/₄ *Sols.* pl. XLV.16. Ar. t.b.c.

497   **Hambourg.** S. d. *Thaler de Mariage* (Hochzeitsthaler.) JEZUS
CHRISTUS MACHET WASSER Z : WEIN CANA etc. M.M. Deux
haches en sautoir sur une tréfeuille. Rev. QUOS DEUS CONIUN-
XIT etc. La légende commence en bas. Ar. gr. 58. Beau.

498   — *Thaler de Mariage* (Hochzeitsthaler) M.M. Une main tenant
un pavillon WAS GOT ZUSAMEN FUGET. Rev. JESUS CHRIS-
TUS etc. **M.M.** Deux haches en sautoir sur lesquelles une petite
croix. Ar. gr. 43.5. Beau.

499   **Harlem** *assiégée par les Espagnols* 1572. *Ecu de 30 Sols* (*Veld-
daelder*) contremarqué d'une étoile. Mailliet pl. 46.1. Ar.

500   — Même pièce, de forme losange. Ar.

501   1572. *Demi Ecu de 15 Sols.* Semblable au précédent, losange. Ar.

502   — *Sept Sols et Demi* (¹/₄ *Velddaelder*) en tout comme le précédent.
Compz. pl. XLVIII.30. Ar.

503   1572. *Ecu de 30 Sols* (*Velddaelder*) de forme losange- Contre-
marqué d'une étoile avec croissant. Var : de Mailliet 46.4 avec 1572
et sans légende au revers. Ar.

504   — *Demi Velddaelder* contremarqué d'une étoile, octogone, compz.
pl. XLVII.16. module plus petit. Ar.

505   1572. Même pièce. contremarquée d'une étoile avec son croissant et

de l'écu au lion de Hollande à g. Compz, Mailliet pl. XLVII. n. 18. (le demi écu) mais de forme losange, Ar. Inédite.

506   — *Demi Ecu de 15 Sols. (Halve Velddaelder)* en tout comme le précédent. Losange. Ar.

507   — *15 Sols (Demi Velddaelder)* contremarqué de l'étoile et du lion hollandais à dr. comme Mailliet pl. XLVII.16. Ar. Octogone.

508   — Même pièce contremarquée de trois étoiles et du lion hollandais à g. Comp. pl, XLVII.19. Ar. Octogone.

509   — Même pièce, contremarqée de trois étoiles. Octogone. Compz. pl. XLVII.17. Ar.

510   — *Sept sols et demi* (¹/₄ *Velddaelder*) contremarquée de trois étoiles en haut, à gauche de 1572, à dr. du lion de Hollande contourné. Octogone. Ar.

511   **Kempten.** 1545. *Thaler.* MON : NO : CIVTATIS : CAMPIDO : 1545. Double aigle impériale entourée des écussons aux armoiries d'Autriche, Bourgogne et Tyrol et de quatre briquets. Rev. ☙ CAROLVS : V . ROMA : IMP : SEMP : AVGVST. Ar. b.c.

512   **Landau.** 1713 assiégée par les Français. Obsidionale d'un *Florin 4 kreuzer.* Brause pl. 15. 4. Mailliet pl. 69.8. v. Loon IV. 668. V. 237 n. 2. Ar. t.b.c.

513   **Leyde** 1574. assiégée par les Espagnols. *20 Sols* frappé du papier des missales. Mailliet pl. LXXI. 2. Papier. t.b.c.

514   — *Daelder* fr. au même coin, en argent, sur flan carré. Ar. Beau. Rare.

515   — *5 Sols.* fr. du papier des missales, contremarqué, pl. LXXI. 3. Papier.

516   — *Demi Daelder.* fr. au même coin que le 5 Sols en papier, pl. LXXI. 3. Carré. Ar. Beau. Rare.

517   — *Quart de Daelder.* fr. au coin du *Demi-sol* en cuivre. pl. LXXII. 17. Ar. Beau. Rare. Carré.

518   **Lunebourg.** *Groschen* de 1562 au St. Jean Rev. Les armoiries de la ville sur une croix. Ar. b.c.

519   **Lyon.** Jeton en argent. ACAD LUGDUNENSIS SCLOPETARIA. 1741. Pavillon avec deux fusils en sautoir ET JOCIS ET BELLO. Rev. Armoiries. Ar. t.b.c.

520   **Maestricht.** Denier de l'empereur **Frédéric I Barbarousse.** Ar. t.b.c.

521   — *assiégée par les Français en 1794. 100 Sols.* Mailliet pl. LXXVI. 17. Ar.

522   — Même pièce, variété avec 'ꞩ OOI Ar.

523   **Middelbourg.** 1572. *Ecu* (Velddaelder) à deux contremarques. Mailliet pl. LXXXIII. 2. Ar. Beau.

524   **Neuss.** 1570. *Thaler.* MONETA . NOVA . CIVITATIS NVSSIENSIS Armoiries. Rev. Double aigle MAXIMI ❀ II ❀ ROMA ❀ IM ❀ SEM ❀ AV * 1570. Ar. t.b.c.

525 **Ratisbonne.** s.d. *Demi Thaler* MON . REIP—RATISBON. Vue de la ville, dessous les clefs. Rev. FRANCISCUS D . G . ROM . IMP . SEMP . AUG. Buste de l'Empereur à dr. Ar. Beau.

526 — $^1/_{32}$ *Ducat.* Avers. Les armoiries (Deux clefs). Rev. Double aigle. Or. Beau.

527 **Rostock.** 1761. 6 *Pfenninge* et 1782 1 *Pfenning.* 2 ps. Ae. t.b.c.

528 **Schoonhoven.** 1575. assiégée par les Espagnols. *IIII Sols* fr. en argent. Mailliet pl. CI, 3, fort beau et rare. Carré.

529 **Thiré.** Rois mérovingiens. **Cinsulfus** monétaire. *Tiers de sou d'or* TIDIRICIACO — Buste diadémé à dr. Rev. ✠ CINSVLFOMNE. Croix latine. Or. Beau. Rare.

530 **Tournai** assiégée par les Alliés 1709. 20 *Sols* au nom du Marquis de Surville. Mailliet pl. CXII, 16. Ar. t.b.c.

531 Même pièce, variété. Ar. b.c.

532 **Vienne** assiégée par les Turcs en 1529. *Ducat.* Obsidionale carrée. Mailliet pl. 121, 2. v. Mieris II p. 307 n. 3. Or. Rare. t.b.c.

533 **Ypres.** Jeton au buste de **Joseph II** à dr. Rev. S . P . Q . I. Ar. Beau.

534 **Zierikzee.** 1576. Obsidionale de 15 *Sols.* Mailliet pl. 131.5. v. Loon I p. 215—212 n. 3. Ar. Belle. Rare.

MONNAIES ITALIENNES.

535 **Italie.** *Royaume.* **Napoléon Bonaparte.** 1808. 2 *Lire,* 1809 10 *Centimes* (Billon) 1810 5 *Soldi.* **Victor Emanuel** 1863. 2 *Lire* et 1 Lire. Ar. 5 pièces.

536 **Victor Emanuel** élu roi **d'Italie.** 1859. *Lire* et 1860 50 centimes. Ar. F.d.c.

537 **Charetto.** *Florin d'or* au type florentin ✠ FLOR — .E✲ChA. Grand fleur de lis. Rev. . S . IOHA — NNES . B . Or. t.b.c. Rare.

538 **Florence.** **Charles Louis de Bourbon et Marie Aloïse.** 1807 *Un et demi Scudo.* Bustes accolés à dr. CAROLVS LVD . D . G . REX ETR . ET M . ALOYSIA R . RECTRIX I . I . H . H . Rev. Armoiries couronnées IVVENTVTE MEA . — DOMINE SPES MEA. Sous l'écusson FLOR . 1807. Ar. Superbe Gr. 39.

539 **Gênes** 1567. *Doppia Scudo d'Oro.* † DVX . ET . GVB', REIP . GENV'. Château, dessous 1567. Rev. Croix ✠ CONRADVS . II . RO' . REX . AS . Or. Beau et rare.

540 **Massa di Lunigiana.** **Alberico Cibo Malespina** 1559—1623. *Zecchino.* ALB . CIBO . MAL . MAR . MASS, Ecusson couronné. Rev. DVRABO. Enclume sur son souchet. Inédit. de la plus haute rareté. Or. b.c.

541 **Milan.** **Philippe Marie Visconti** 1412—1447. *Cavalier d'Or.* FILIPV' MA — ARIA AN — G — LV' Cavalier à dr. Rev.

DVX . — . MED — IOLA — NI. Ecusson heaumé entre
FI — MA. couronnées. Or. t.b.c.

542 **Charles V**. *Grosso* au St. Ambroise, contremarqué à l'écusson de
la **Zélande**. Ar. t.b.c.

543 — Même pièce sans contremarque. Ar. t.b.c.

544 République de 1848. *5 Lire. Governo Provisorio de Lombardia*.
Ar. t.b.c.

545 **Ragusa.** 1765. *Tallero* au buste. Ar. b.c.

546 **Tassarole.** *Comté.* **Philippe Spinola.** *Scudo* de 1640. Buste à dr.
PHILIPPVS ⚘. SPIN ⚘ COMES ⚘ TASS. Rev. St. George et le
dragon. ⚘ SPES ⚘ NON — ⚘ — CONFVNDIT ⚘ à l'exergue, ⚘
1640. ⚘ . Rossi 4878. Rare. Ar. t.b.c.

547 **Vénise. Andreas Gritti.** Doge 1523—1539. *Scudo d'Oro*. AN-
DREAS . GRITI . DVX . VENETIAR . Or. t.b.c.

548 **Louis Manin** 1794. *Thaler*, imitation des thalers de Marie Thérèse.
Ar. t.b.c.

549 République 1848. *5 Lire* au Lion de St. Marc REPVBLICA VE-
NETA. Ar. F.d.c.

MONNAIES SUISSES.

550 **République Helvétique** 1876 et 1877 *Franc, Demi Franc*
de 1878. Ar. t.b.c. *10 centimes* de 1879,80 et *5 Centimes* de 1880.
F.d.c.

551 **Berne.** *Ducat.* MONETA AUR . REIPUB . BERNENS. Rev. Dans
un entourage. BENE—DICTUS SIT IEHOVA DEUS . I . DUC. Or.
Superbe.

552 1776 et 1797. *Demi Batzen.* 2 ps. Ar.

MONNAIES DES ANCIENNES PROVINCES DES PAYS-BAS.

GUELDRE. Duché et Province.

553 *Duché.* **Rénaud II.** 1326—1343. *Double Denier.* v. d. Chijs, pl. II,
6. Ar. b.c.

554 **Edouard** (Jonkheer). *Gros Tournois* de **Ruremonde**, v. d. Chijs, pl.
IV, 2. Ar. Beau.

555 **Charles d'Egmond.** *Mite* inédite. Avers K couronnée. Rev. Croix
ayant dans les cantons — R — N — (Arnhem?). Ae. b.c. Rare.

556 **Philippe II.** 1566 et 1571. $^1/_5$ *Ecu* Philippe. 2 ps. Ar.

557 **Charles de Lorraine.** *Teston* fr. à Nancy. Contremarqué à l'écusson
de Hollande. v. d. Chijs, pl. XXII, n. 10. Ar. b.c.

558 *Province.* 1577. *Demi Ecu des Etats* (Halve Statendaelder). Ver-
kade, pl. 206 n. 1. Ar. t.b.c.

559 — Même pièce. Ar. a.b.c.

560 1582. *Snaphaenschelling* (Escalin) var. de Verkade, pl. 15, n. 1.
DE — VSCO — NSTITVIT   REGNA 82. **Ar.** a.b.c.

561 s.d. Même pièce. Verkade, pl. 15, n. 2, contremarquée d'une aigle
Ar. a.b.c.

562 1585. *Ecu* à la croix de Bourgogne (*Kruisdaelder*) N . DVC .
GEL . AD. etc Verkade, pl. 6, n. 3, var. **Ar.** t.b.c. Rare.

563 1586. $^1/_{12}$ *Real ou Leicesterstooter*. Verkade, pl. 5, n. 5. **Ar.** b.c.

564 1592. *Ecu* à la croix de Bourgogne ou *Kruisdaelder*. Verkade, pl. 7,
n. 1. **Ar.** t.b.c.

565 1606. Pièce de *X Sous*, var. de pl. 206.5 avec . MO . ARG . PRO .
CON—F—OE . BEL . GEL . ✠ **Ar.** Belle. rare.

565a 1616. *Ecu au Lion (Leeuwendaelder)*. Verk. pl. II n. I. **Ar.** b.c.

566 1660. *Rijksdaelder*. Verkade pl. 9 n. 3. **Ar.** b.c.

567 1661. *Demi Rijksdaelder*. pl. 9 n. 4. **Ar.** b.c.

568 1664. *Rijksdaelder*. Var. de Verkade pl. 9. 3. MO NO AR PRO
CON—FOE—BELG . D GEL C. — Z. **Ar.** a.b.c.

569 1682. Pièce de *3 Florins* à l'écu provincial, var. de Verkade pl.
12 n. 2, sans des points entre les mots de l'avers. **Ar.** t.b.c.

570 1691. *Escalin*. Compz. Verkade pl. 16, 2. **Ar.** b.c.

571 1694. Pièce de *3 Florins* pl. 12. 3. **Ar.** b.c. 2 ps.

572 1694. Pièce de *2 Florins* à l'écu provincial, pl. 12. 4. **Ar.** b.c.

573 1694. Pièce de *3 Florins*. pl. 13. n. 1. **Ar.** b.c.

574 1694. *Demi Florin*. pl. 13 n. 4. **Ar** t.b.c.

575 1699. *Rijksdaelder*. var. de pl. 10. 2 avec MO . ARG . ORD .
CONFOE. — BELG. D . GELRE . C . Z. **Ar.** b.c.

576 1712. *Florin* sans indication de la valeur et la marque monétaire
à côté de la date. Verkade n. 67. **Ar.** b.c.

577 1738. *Ducaton*. Variété de Verk. pl. 5 n. 1 avec PRO : CONF—
BELG : D : GELRE . & C . Z. **Ar.** t.b.c.

578 1756. $^1/_4$ *Florin*. Verk. pl. 14. 5. **Ar.** Beau.

579 1762. *Florin*. Compz. Verk. pl. 14. 2. **Ar.** t.b.c.

580 1764. *Ducaton*. Compz. Verkade pl. 5 n. 1. Tranche fleuronnée.
Ar. Beau.

581 *Double Sou* de 1614. *Sou* de 1640. 1764. Dute fr. en argent de
1601. 1755. 1759. *Demi Dute* fr. en argent de 1755 et 1756 et
Dute en cuivre de 1786. 12 pièces.

582 **Batenbourg** *Baronnie.* **Guillaume de Bronckhorst.** 1561. *Angelot
au St. Michel.* SANCTVS * MICHAEL * ARCHANGEL—*
Rev. MONETA * NOVA * AVREA * BAT * A * LXI *
Navire portant au mât l'écusson mi—parti de Batenbourg—Bronck-
horst surmonté de **W** — B. Or. t.b.c. Rare.

583 **Maximilien**. 1622. *Escalin à la Rose*, de Voogt n. 12. Verkade pl.
35. 3. **Ar.** t.b.c. Rare.

584 *Dute*. Verkade pl. 35. 5. 2 ps. Ae.

585   **Berg.** (*'s Heerenberg*) *Comté.* **Guillaume IV.** *Daelder* au buste du St. Oswald, compz. Serrure n. 34 avec ST'VFE. Ar. b.c.

586   **Frédéric.** *Daelder ;* var. de Serrure pl. 7 n. 83 avec FREDERICO . D . MON . BA —HO . BO . HE . DIW. Ar. b.c.

587   **Herman Frédéric à Stevensweert.** *Escalin à la rose* sans date. var. de Serrure n. 98 avec MON — NOVA . ORDIN . TER . I . INSV . s. Ar. b.c. Rare.

588   — *Petermännchen*, imitation de ceux de **Trèves.** MONETA . NOVA . ARGENTEA. Ecusson écartelé 1 et 4 à la croix de? 2 et 3. aux trois colonnes (zuilen) de Culemborg. Rev. St. Pierre debout, dessous petit écusson au lion de 's Heerenberg. BEATVS QVI — IT . DOMINVM. Ar. b.c. fort rare. Inédit.

589   **Culemborg. Florent de Pallant.** *Ecu* au buste de Charlemagne SANCTVS : CAROLVS : MAGNVS. Rev. Lion à queue fourchue ⁂ MONETA : NOVA : ARGENTEA : D : (*omini*) I : (n) P (allant) Revue Belge, t. III 12.3. Ar. b.c. Rare.

590   **Arnhem** *Ville.* 1595. *Sou* avec 159 X et MONE . T. Compz. Verkade, pl. 37.5. Rare. Ar. b.c.

591   s.d. *Dute* var. de pl. 38.1 avec LILIV — M et LILIVM et Dute d'Elbourg. Ae. 3 ps.

592   **Bommel** assiégée par les Espagnols, 1599. *Sol* Comparez Mailliet, pl. XV.5. Ar. Carré. b.c. Rare.

593   — *Dute.* Verkade, pl. 37.4. Ae. b.c.

594   **Huissen.** *Dute.* Verkade pl. 210.3. Ae. b.c. 2 ps.

595   **Nimègue.** 1686. Pièce de 3 *florins.* de Voogt. n. 97. Verk. pl. 22.1. Ar. b.c.

596   — *Florin de 28 Sous (Achtentwintig)* contremarqué de HOL. de Voogt n. 98. Verkade pl. 22.3. Ar. b.c.

597   1688. *Daelder* ou pièce de 30 *Sous.* de Voogt n. 104. Verk. pl. 21.4. Ar. b.c.

598   1689. *Double Daelder* ou pièce de 60 Sous. de Voogt n. 107. Verk. pl. 21.3. Ar. t.b.c.

599   1689. *Daelder.* de Voogt. n. 108b. Verk. pl. 21.4. Ar. b.c.

600   **Zutphen.** 1605. *Demi Escalin* à la rose. Verkade pl. 26.4. Ar. b.c. Rare.

601   1660. *Pièce de 28 Sous* (Achtentwintig) contremarquée de HOL. Verkade pl. 26.1, Date inconnue. Rare. Ar. b.c.

602   1687. *Florin.* Verkade pl. 25.4. 2 ps. Ar.

603   1690. *Pièce de 28 Sous* (Achtentwintig) contremarquée de HOL. Verkade pl. 26.1. Ar. t.b.c.

604   1691. *Escalin.* pl. 26.5. Ar. b.c.

605   1691. *Escalin (Statenschelling.)* Compz. Verkade pl. 128.2. Ar. a.b.c.

606   **Zutphen.** *Dute* 2 variétés et **Nimègue.** *Dute,* 2 ps. variées. Ensemble 7 pièces. Ae.

HOLLANDE. Comté et Province.

607 *Comté.* **Thierry VII**. *Denier.* Buste à dr. THEODRIC. Rev. Croix
dans les cantons P—A—✻ et une fleur. COMES HOLLANT.
Ar. t.b.c. Inédit.

608 **Florent III**. Obole. Var. de v. d. Chijs. pl. I.12. Ar. b.c. Rare.

609 — *Denier.* v. d. Chijs. pl. II.1. Ar. b.c,

610 **Guillaume V.** 1346—1359. *Chaise d'or* ou *Clinckaert.* v. d. Chijs.
pl. V. 4. Or. t.b.c.

611 — ⅓ *Chaise d'or.* pl. V. 6. Or. b.c. Rare.

612 **Philippe II**. *Ecu Philippe* de 1557. v. d. Chijs. pl. XXIX. 16, avec
D—OMINVS. Ar. t.b.c.

613 *Demi réal d'or* au buste à g. contremarqué aux armoiries de la
Zélande. v. d. Chijs pl. XXVIII. 4. Or. b.c.

614 1568. *Ecu* à la croix de Bourgogne (*Kruisdaelder*). v. d. Chijs.
pl. XXXIII. 58 Ar. b.c. Rare.

615 1572. ¹/₁₀ *Ecu Philippe* fr. à Anvers, contremarqué d'un écusson
au lion de Hollande. Compz. Mailliet pl. LII. 5. Ar. b.c.

616 1567. ¹/₅ *Ecu Philippe* pour la Flandre à la même contremarque.
Compz Maill: Suppl. pl. 46. 4. Ar. b.c.
   Monnaies dont la valeur est surhaussée d'une huitième par les Etats de Hol-
   lande pendant le siége de Harlem.

618 *Province.* 1576. *Ecu au lion* (*Leeuwendaelder*) avec des rosaces
entre les mots. Verkade pl. 48. 3. Ar. b.c.

619 1577. *Demi Ecu au lion.* Compz. Verk. pl. 48. 4. Ar. t.b.c. Rare.

620 1589. Même pièce. Ar. a.b.c.

621 1584. *Ecu heaumé.* Verkade pl. 45. 1. Ar. t.b.c.

622 1670. Essai d'un *Escalin au navire* pour les Provinces de Hollande
et de Westfrise, sans indication de valeur. Verkade pl. 55. 4.
Ar. F.d.c. Rare.

623 1671. *Ducaton.* Essai fr. sur flan bruni. Sur la tranche NERVOS *
REIPUBLICÆ * ACCIDERE * FACINUS * MORTE * PIANDUM.
Verkade pl. 41. 3. Ar. Superbe. Rare.

624 1672. *Ducaton* fr. en piedfort, var. de Verkade pl. 41. 4. Ar. gr.
64. t.b.c.

625 1673. *Rijksdaelder* à l'homme debout fr. en piedfort. Var. de
Verkade pl. 47. 4 avec MONO . ARG . PRO : CONFOE : BELG :
CO : HOL. Ar. gr. 55.5. Beau.

626 1679 et 1750. *Escalin au navire.* 2 ps. Ar.

627 1681. *Florin.* Essai en or, sans indication de la valeur. Verkade,
pl. 58.2. Or. gr. 17.5. Belle pièce.

628 1681. Pièce de 3 *Florins*, Verkade pl. 51.1. Ar. Belle.

629 1682. Même pièce. Verkade pl. 51.1. Ar. t.b.c.

630 1687. Pièce de 2 *Florins*. Verk. pl. 51.2. Ar. t.b.c.

631   1687. Même pièce. Ar. t.b.c.

632   1681. *Florin.* Verkade pl. 51.3. Ar. b.c.

633   1681. Même pièce, variété G—I. pl. 51.4. Ar. b.c.

634   1682. *Demi Florin* sans indication de valeur, Verk. pl. 52.3. Ar. Beau.

635   1684. *Ecu au Lion.* Essai frappée en plomb. Verkade, pl. 49.4. Beau

636   1687. *Ducaton* frappé en or. Var. de Verkade, pl. 42.1 avec HOL.
      Or. gr. 34.5. Superbe pièce.

637   1692. ¼ *Florin* (5 *Sous*). Verk. pl. 52.5. Ar. t.b.c. Rare.

638   1694. Essai d'une pièce de 28 *Sous* (*Achtentwintig*) aux écussons
      des sept Provinces réunis sous une couronne. Toute autre gravure
      que Verk. pl. 54.4. Ar. Belle. Fort rare.

639   1694. 28 *Sous* aux armoiries réunies des sept Provinces. Essai
      frappée en or. Verkade, pl. 54.4 variété. Or. Gr. 17.3. Belle pièce.

640   1697. *Double Sou* fr. en piedfort gr. 3. Verkade pl. 55.4. Ar. Beau.

641   1702. *Dute* fr. en mémoire de la mort de **Guillaume III.** Ver-
      kade, pl. 57.7. Ae. t.b.c.

642   1738. *Sou* fr. en or. Verkade pl. 56.6. Or. F.d.c.

643   1748. *Florin.* Verk.pl. 53.3. Ar. F.d.c. et même pièce de 1792. Ar.Belle.

644   1749, 1751. *Demi Florin* (10 Sous). Verk. pl. 54.2. Ar. 2 ps. Belles.

645   1759. ¼ *Florin,* Verkade pl. 54.3. Ar. 2 ps.

646   1760. *Cavalier d'or.* Verk. pl. 40.4. Or. t.b.c.

647   1767. *Demi Ducaton.* pl. 42.2. Ar. t.b.c.

648   1771. *Double Ducat.* Verkade, pl. 39.4. Or. Beau.

649   1792. *Ducaton.* Verk. pl 42.1. Ar. t.b.c.

650   *Double Sou* de 1722, 23, 25, 30 et de 1791 et *Sou* de 1736, 1739.
      10 pièces.

651   **Vianen.** *Seigneurie.* **Henri de Bréderode** *Angelot.* QVOD *
      IVSTVM * EST * IVDICAT. Rev. Navire à l'écusson mi-
      parti de Vianen-Bréderode, surmonté de H-B MONE * NO * HE *
      DO — D * BRE „ LI * B : VIAN. v. d. Chijs, pl. XL n. 1.
      Or. b.c. fort rare.

652   — *Ducat* au buste du St. Henri. Rev. Madone sur un croissant
      MO * N * A * HE * D * D—BRE * L * D * VIAN. v. d. Chijs,
      pl. XL, 3. Or. t.b c. Rare.

653   *Daelder,* v. d. Chijs, pl. XLI, 18. Ar. Beau.

654   *Demi Daelder* au buste du St. Henri couronné à dr. SANCTVS
      HENRICVS * IMPERATOR ☺ Rev. Lion tenant l'écusson écar-
      telé de Bréderode—Vianen MONE . NO . HENRICI . DO . DE .
      BRE . LI . D' VY ✚ v. d. Chijs, pl. XL, 11. Ar. b.c. Fort rare.

655   **Gorinchem** Ville. *Dute.* Ae. t.b.c.

WESTFRISE. Province.

656   1590. *Ecu* heaumé au buste en bonnet. Verkade pl. 63. n. 1 avec
      NOS--TRA. Ar. t.b.c. Rare.

657 1599. *Sou.* MO NO ORDIN WESTFRISIÆ 15 ⚘ 99. Armoiries entre 1 — S. Compz. le Demi Sou. Verk. pl. 73.3. Inédit. Ar. fort rare. b.c.

658 1601. *Escalin à la Rose.* Verkade pl. 71.4. Ar. b.c. troué.

659 1649. *Demi Ecu au Lion.* Essai carrée. Compz. Verkade pl. 66.5 avec CON — FOE . BELG . WES. Ar. Beau, fort rare.

660 1650. *Ecu au lion (Leeuwendaelder.)* Compz. Verkade pl. 66.4. MO . ARG . PRO . CON — FOE . BELG . WES. Ar. b.c. Rare.

661 1659. *Ducaton.* Verkade pl. 61.1. Ar. b.c.

662 1661. *Demi Rijksdaelder.* Var: de pl. 65.2 avec WES. Rare. Ar. a.b.c.

663 1664. *Demi Ducaton.* pl. 61.2. Ar. t.b.c.

664 1676. *Escalin.* VI . STUIVERS — BANKGELT. Var: de Verk. pl. 72.2. Ar. Beau. Rare.

665 1676. *Escalin au Navire* avec B—P et même pièce de 1678. pl. 72 n. 3 et 4, Ar. 2 ps.

666 1676. *Rijksdaelder.* Verk. pl. 65.3 avec WEST.F et la date entre deux points. Ar. t.b.c.

667 1677. Même pièce avec CONFOE (OE en monogr.) et WEST . F. Ar. Belle.

668 1677. *Ducat* ou *Escalin au Navire* fr. en or, du poids d'un Ducat avec 6—S . B—P. Verkade pl. 72.3. Or. gr. 3.5. Beau et fort rare.

669 1680. *Escalin à la Rose.* compz. pl. 71.4. Ar. b.c. Rare.

670 1682. Même pièce avec la vache (het Beemster bulletje) comme marque mon: derrière ORDIN, Ar. t.b.c. Rare.

671 1683. Même pièce, la vache après la légende. Ar. t.b.c. Rare.

672 1682. Pièce de *3 Florins.* pl. 68.1. Ar, a.b.c.

673 1682. *2 Florins* pl. 68.2. Ar. b.c. Rare.

674 1684. *Daelder* aux armoiries de Hoorn, Enkhuyse et Medemblik, var: de Verkade. pl. 67.2 avec FORTI . — ET. Ar. t.b.c.

675 1686. *Florin de 28 Sous* (achtentwintig) Verkade pl. 71.2. contre-marqué du faisceau de flèches. Ar. b.c. Rare.

676 1687. Pièce de *3 Florins.* pl. 68.1. Ar. b.c.

677 1682. *Florin* pl. 68.3. Ar. t.b.c. Rare.

678 1694. *3 Florins,* pl. 69.1. Ar. b.c.

679 1759. ¼ *Florin.* pl. 70.6. Ar. t.b.c.

680 1791. *3 Florins.* pl. 69.4. Ar. Beau.

681 1793. *Ducaton.* pl. 62.1. Var. Ar. t.b.c.

682 1795. 3 *Florins.* pl. 69.4. Ar. t.b.c.

683 — Même pièce. pl. 69.5. Ar. t.b.c.

684 — Même pièce. pl. 69.6. Ar. t.b.c.

685 *Double Sou* de 1672, 1673, 1678. 1758, 1759, 1766, 67, 79, 86, 87, 89, 90 et 1791. *Sou* de 1676, 77, 78, 1738, 60, 64 et *Duit* en cuivre de 1626 et 1780 20 pièces.

ZÉLANDE. Province.

686   S.d. *Double Ducat* au titre de Philippe II; imitation des Double Ducats de Ferdinand et Isabelle. Verkade pl. 78 n. 1. Or. t.b.c.

687   1583. *Escalin* (*Snaphaenschelling*) Var: de pl. 92.1 avec. SERVA— NOS. et 8 (tour) 3 ✠. Même pièce de 1584 et de 1669 pl. 92.6. Ar. 3 pièces.

688   1586. *Réal ou Leicesterdaelder*. Verk. pl. 82.3. Ar. t.b.c. Rare.

689    $^{1}/_{20}$ *Réal ou Leicester-Stooter* avec + CONCORDIA. Verk. pl. 82.5. Ar. t.b.c.
     Voir aussi le n. 542.

690   1590. *Ecu* au buste de **Leicester**. (*Unie-Rijksdaelder*) L'écusson à six quartiers. Verk. pl. 84. 1. Ar. t.b.c. *Rare*.

691   1591. *Ecu heaumé* au buste de **Guillaume le Taciturne** avec . MO . NO etc. pl. 83. 3. Ar. t.b.c.

692   1601. *Escalin* à la rose. pl. 92. 4. Ar. b.c.

693   1602. *Ecu à l'aigle* ou pièce de 60 Gros. pl. 49. 1. Ar. b.c.

694   1613. Pièce de X *Sous*. pl. 91. 4. Ar. F.d.c.

695   1627. *Ecu au lion* (*Leeuwendaelder*). pl. 88. 1 Var. . ZEL . (tour) Ar. b.c. Rare.

696   1659. *Ducaton* fr. en piedfort. Verk. pl. 81.1. Ar. gr. 65. Beau

697   *Ducaton*. Verk. pl. 81.1. Ar. b.c.

698   — *Rijksdaelder* à l'homme debout. pl. 85.3. Ar. a.b.c.

699   1662. *Demi Rijksdaelder* pl. 85.4. Ar. b.c.

700   1672. *Rijksdaelder*. Verk. pl. 86.1. Même pièce de 1698, var. de pl. 86.3. avec ZEEL et CRESCUT. Ar. 2 pièces.

701   1678 et 1683. *Daelder* ou pièce de *30 Sous*. pl. 90. n. 1. et 2. — 2 pièces. Ar.

702   1684. *Daelder* fr. en or ou pièce de *30 Florins*, plus grand que Verkade pl. 80.2. et avec un point entre les mots. Or. Gr. 21. Rare. F.d.c.

703   1687. Pièce de *10 Escalins* (Double Daelder). pl. 90.4. Ar. Belle.

704   1694. *Rijksdaelder* MO . NO . AUR . fr. en argent. Verk. pl. 79.5. Ar. b.c.

705   — *Pièce de 3 florins* à l'écusson provincial, frappée en piedfort Ar. gr. 63. Belle et rare.

706   1704. *Hoedjesschelling*. pl. 93.3. 1758. *Scheepjesschelling*. pl. 93.4, même pièce de 1776 et 1780. Ar. 4 pièces.

707   1741. *Ducaton* fr. en piedfort. Var: de Verkade pl. 81 n. 4 sans cercle intérieure et avec ZEEL (tour), les caractères plus petites et avec une étoile au revers au dessus de l'écusson Ar gr. 65. F.d.c.

708   1757. *Rijksdaelder*. Verk. pl. 87.1. t.b.c. et variété avec des cercles intérieures. Belle. Ar. 2 pièces.

709   1763. *Florin* var. de pl. 91.3. avec ZEELANDIA. Ar. t.b.c.

710 *Double Sou* de 1728. 29, 30, 33. *Sou* de 1614, 1727, 31, 37, 38, 62, 91. *Dute en argent* de 1769. *Dute en cuivre* de 1754. Ensemble 17 pièces.

UTRECHT *sous les* Mérovingiens. Evêché. Ville. Province.

711 **Rois** *Mérovingiens,* *Tiers de Sou.* **Rimoaldus monétaire** TRIECTO FIT. Buste casqué à dr. Rev. RIMOALDVSM, se lisant de gauche à droite. Croix sur une base, dessous globule, dans un grènetis Or. Beau. *Voir la gravure.*

712 — **Rimoaldus** monétaire. *Tiers de Sou* TRIECTO FIT. Buste casqué à dr. Rev, RIMOALDVS M se lisant de droite à gauche Croix, dans deux cantons un globule, entourée d'un grènetis. Or. t b.c. *Voir la gravure.*

713 — **Rimoaldus** monétaire. *Tiers de Sou.* Buste casqué à dr, toute autre gravure que les deux pièces précédentes. Rev. RIMOALDVS M se lisant de gauche à droite. Croix sur un globule, cantonnée de deux globules. Or. t.b.c. *Voir la gravure.*

714 — **Domaricus** monétaire. *Tiers de Sou.* Buste diadémé à dr. TRIECTVFIT. Rev. Croix DOMARICVS MO. Or. t.b.c. *Voir la gravure.*

715 — **Madelinus** monétaire. *Tiers de Sou.* Buste diadémé à dr. TRIECTO FIT. Rev. Croix sur une base dessous un globule entouré de 5 globules MADELINVS MO. Or. Beau. *Voir la gravure.*

716 *Evêché.* **Bernoulphe** 1027—1030. *Denier* de **Groningue** avec BACVLVS v. d. Chijs. pl. II. 29. Ar. b.c.

717 — *Denier* de **Groningue** au St. Boniface. Var. de v. d. Chijs. pl. I. n. 18. Ar. t.b.c.

718 — *Denier* au St. Martin **d'Utrecht.** v. d. Chijs. pl. I. n. 14. Ar. b.c.

719 **Jean d'Arckel.** *Gros d'argent.* v. d Chijs. pl. X. 5 Ar. b c.

720 **Rodolphe de Diepholt.** *Mite* fr. a. *Reenen.* var. de v. d. Chijs. pl. XVI. 11 avec MON--ETA -- REX — ARE. Billon b.c. Rare.

721 **Frédéric de Bade.** *Double Sou* de 1510. v. d. Chijs. pl. XXI. 17. Ar. b.c. troué. Rare.

722 ¼ *Sou.* Rare. pl. XXI n 16. Ar. a.b.c. fragile et *Mite.* pl. XXII. n. 20. b.c.

723 **Henri de Bavière** élu. *Trois Mites.* pl. XXII. 2. et pièce de *6 Mites* de la ville. pl. XXVI n 21. 2 ps. Ae.

724 *Seigneurie* **Philippe II.** 1568. Ecu à la croix de Bourgogne. v. d. Chijs pl. XXIV. 17. Ar. t b.c. Rare.

725 **Utrecht** *Ville. Sou.* DIT ꝫ SINEN ꝫ STVVERS ꝫ VT ꝫ DϾ ꝫ GORST. Armoiries de David de Bourgogne. Revers GOD : GHE — F ꝫ ONS ꝫ G — hϾLVC ꝫ D—ÆRME. Croix cantonnée de deux lions et de deux fleurs de lis v. d. Chijs. pl. XXVI. 32. troué. Beau. Fort rare. Plomb.

Cette pièce est trouvée au lieu où l'on exposait autrefois les suppliciés sous Westraven.

3

726 — Même pièce DIT ⁚ SIIN : STVVƎRS ⁚ VT ⁚ DE : GORSTƎCℏ. Armoiries. Rev. GOD . Gℏ—ƎF : ONS : — GℏƎLVG — DTƎRMƎ. v. d. Chijs pl. XXVI. 31. Plomb. troué. b.c. Fort rare.

727 — 1578. Essai en piedfort de l' *Ecu au lion.* Verkade pl. 106. 3. MONE † NOVA † CIVITA † TRAIET † ⁂ † Armoiries de la ville tenues de deux lions dessons 1578. Rev. Lion ayant une croix sur la poitrine. CONCORDIA × RES × PARVÆ × CRESCVNT × ✠ × Ar. gr. 46. De la plus haute rareté. t.b.c. *Exemplaire de la collection Völcker.*

728 1582. *Province. Snaphaenschelling (Escalin).* var. inédite de Verkade pl. 112. 2. CONC—OR . RES . PARVÆ . CRES — (l'écusson d'Utrecht) | Compz. Rijnbende n. 371 Ar. b.c. Fort rare.

729 1595. *Leicesterstooter.* Verkade pl. 101. 2. Ar. t.b.c.

730 1601. *Escalin à la rose* avec TRAIECTE. Verk. pl. 112. 4. var. Ar. b.c.

731 — Même pièce. Verk. pl. 112. 4. Ar. b.c.

732 1616. *Ecu au lion.* pl. 107. 4. Ar. a.b.c.

733 1622. *Demi Rijksdaelder* au buste. pl. 103. 4. Ar. t.b.c. Rare.

734 1653. *Rijksdaelder inédit.* Buste et légende comme pl. 104. 2. Ar. b.c. Rare.

735 Essai en étain du droit *d'un Rijksdaelder.* Compz. Verk. 106. 1.

736 1657. *Dute* fr. en argent pl. 116. 4. Ar. F.d.c.

737 1659. *Ducaton* fr. en piedfort. Verkade pl. 99. 3. Ar. gr. 65,5. Beau.

738 1662. *Ducaton.* Verkade pl. 99. 3. Ar. Beau.

739 1664. *Rijksdaelder* à l'homme debout. Essai fr. en piedfort. Var. de pl. 105. 1 avec CRESCVNT : Ar. gr. 56. Beau.

740 — Même pièce de poids ordinaire et de 1711. pl. 105. 4. Ar. 2 ps. a.b.c.

741 1681. Pièce de *3 Florins.* la date sur l'autel. Pl. 110. 1. Ar. b.c.

742 — *Florin,* pl. 110. 2. Ar. t.b.c.

743 1682. *X Sous.* Essai frappé en or, sans indication de valeur. Compz. Verkade pl. 110. 5. **Or.** gr. 14. F.d.c.

744 1682. *X Sous.* pl. 110. 5. Ar. b.c.

745 1685. *Daelder* ou pièce de *30 Sous* pl. 109.4. Ar. b.c.

746 1740. Essai d'une *Dute* frappée en or. Verk. pl. 116.6. gr. 5.2. F.d.c.

747 1740. *Demi Florin* pl. 111.4. Ar. Beau.

748 1760. *Cavalier d'Or.* Superbe.

749 1762. *Rijksdaelder.* pl. 106.1. Ar. Beau.

750 1763. *Demi Cavalier d'or.* pl. 99.2. Beau.

751 1785. *Ducaton* fr. sur flan bruni. pl. 100.4. Ar. Superbe.

752 1794. *Ducaton.* Ar. Beau.

753 1795. *Ducat* pl. 98.4. Or. t.b.c.

754 ¹/₄ *Florin* de 1759 (2 ps.) pl. 111.6. *Escalin* de 1675 pl. 115.6. (contremarqué) et de 1686. *Double Sou* de 1792. *Sou* de 1666 (pl. 114.7) de 1738.39. *Dute en argent* de 1746 et de 1766. Ar. 9 pièces.

FRISE. Comté et Province.

755 *Comté.* **Bruno II.** 1038—57. *Denier* de Stavoren var: de v. d. Chijs. avec VERO NNT. Ar. t.b.c.

756 — **Albert** duc de **Saxe.** *Gros.* v. d. Chijs. pl. VI·3. Ar. a.b.c.

727 *Province* 1582. *Rijderdaelder (Ecu au cavalier).* Verk. pl. 119.1. avec ⁑ MONETA ⌐ Ar. t.b.c. Rare.

758 — *Demi Escalin heaumé.* pl. 128.3. Ar. b.c. rare.

759 1591. *Rijksdaelder* à l'homme au bonnet. Verk. pl. 121.3. Ar. t.b.c. Rare.

760 1598. *Escalin (Snaphaenschelling)* pl. 128.2. Ar. a.b.c.

761 1599. *Demi escalin heaumé.* avec ORDI . FRISI. Ar. b.c. Rare.

762 1582? *Snaphaenschelling* pl. 128.2. Ar. a.b.c.

763 1601. Pièce de *7 Sous* (¹/₄ *achtentwintig* pl. 127.4, 2 variétés avec FRISI et FRISLÆ. Ar. 2 ps.

764 s.d. *Escalin à l'aigle.* Var: de Verkade pl. 129.1 avec ARGENT . O — RDINVM. Ar. b.c. Rare.

765 — Même pièce, pl. 128.5. Ar. a.b.c.

766 Pièces de *14 Sous* de 1601 et 1688 et de *7 Sous* de 1601 et de MDCLXXXIV. Ar. 4 pièces.

767 1601. *Double Sou.* pl. 129.4. Ar. a.b.c. Rare.

768 1605. *28 Sous.* (Achtentwintig) pl. 127. 1. Ar. b.c.

769 1617. *Ecu à l'aigle* de 60 Gros *(Arendsdaelder)* pl. 125. 4. Ar. a.b.c.

770 1618. Même pièce. Ar. b.c.

771 1622. *Snaphaenschelling.* Verkade pl. 26. 5. Ar. a.b.c.

772 1629. *Ducat.* var. de pl. 117. n. 5. avec C . . . RES PA — R — CRES . FRIS ⊕ Rev. MOORD — PROVI — FOEDR — BEL AD — LEG AD. Or. b.c. Rare.

773 1659. *Ducaton.* Verkade pl. 119. 3. Ar. b.c. Rare.

774 1660. *Demi Rijksdaelder* à l'homme debout. pl. 123. n. 2. Ar. a.b.c.

775 1666. Pièce de *28 Sous (Achtentwintig)* contremarquée de HOL, et même pièce de 1690, contremarquée à l'écusson de Frise, pl. 127. 1. Ar. 2 pièces.

776 1682. *Koggerdaelder.* pl. 125. 2. Ar. t.b.c.

777 1687. Même pièce pl. 125. 3. Ar. b.c.

778 1684. *14 Sous (Halve Achtentwintig)* pl. 127. 2. Même pièce de 1688. pl. 127.3. Ar. 4 pièces.

779 — *7 Sous* avec la date MDCLXXXIV. pl. 127. 5. Ar. t.b.c.

780 1696. *Halve Driegulden* (moitié de la pièce de 3 Florins) pl. 126. 2. Ar. F.d.c.

781 — *Deux Florins.* pl. 126. 3. Ar. Beau.

782 — *Demi Florin.* pl. 126. 5. Ar. t.b.c.

783 *Double Sou* de 1678? et de 1682. Ar. 3 pièces.

784 1738. *Sou* au faisceau de flèches. fr. en Or. pl. 130. 7. t.b.c.

785 *Dute* en argent de 1717 et de 1675. *Double Sou* de 1676, 1681. Sou de 1695 et de 1683. Ar. 7 pièces.

786 Lot de monnaies de **Frise,** de **Westfrise,** de **Hollande, Brabant** etc. Ar. gr. 80. (25 pièces) et 10 pièces en cuivre.

OVERIJSEL. SEIGNEURIE. PROVINCE.

787 *Seigneurie.* **Philippe II.** 1567. *Ecu* à la croix de Bourgogne. (*Kruisdaelder*) v. d. Chijs. pl. XIX, 15. Ar. t.b.c.

788 **Les Etats.** 1584. *Ecu* à la croix de Bourgogne (*Kruisdaelder*) au titre de Philippe II. Var: de Verkade pl. 137.1. TRS . ISSVL. Ar. t.b.c. Rare.

789 1580. *Ecu Philippe* fr. à **Hasselt.** PHS . D . G . HISP ⅗ REX . DO . TRS'ISVL' 15—80. Verkade pl. 140.1. Ar. t.b.c. fort rare.
Comme dans quelques autres provinces on est revenu à frapper de 1580 à 1584 des pièces au titre et au buste de Philippe II.

790 *Double Ducat* imitation des *Doubles Ducats* d'Espagne, fr. à **Campen.** Var: de Verkade. pl. 133.4. **Or.** Beau.

791 1583. *Noble* imitation des Nobles anglais MO—NE . NOV . AVRE . ORDIN . TRANSISSV—LANLE. Verk. pl. 133.2. **Or.** Beau.

792 1591. *Leicestertooter.* Verkade pl. 136.2. Ar. b.c.

793 1624.? *Rijksdaelder* au buste pl. 138.1. Ar. t.b.c. Rare.

794 1628. *Dute.* Essai. fr. sur flan carré. Verkade pl. 144.6. Ae. Rare t.b.c.

795 1639. *Escalin à la rose* pl. 142.3. Fort rare. Ar. a.b.c.

796 1669. *Ducaton* d'un faux monnayeur. Verkade pl. 135.3. Ar. t.b.c.

797 1682. Pièce de 3 *Florins* pl. 141.1. Ar. b.c.

798 1682. Même pièce. La date des deux côtés et variété de pl. 141.2 avec TRANS. Ar. Rare b.c.

799 1685. *Florin de 28 Sous* (*Achtentwintig*) pl. 142.1. Ar. t.b.c.

800 1692. *Daelder* pl. 140.5 et 1698 *Florin* pl. 141.6. Ar. 2 pièces.

801 *Escalin* de 1686 pl. 142.5. *Double Sou* de 1616, 17, 1618. *Sou* de 1615, 1628 et *Dute* en argent de 1768. 10 pièces. Ar.

802 1739. *Ducaton* variété inédite MO . NO . ARG . CONFOE . BELG . PRO . TRANSIS . AL · ANIA. l'écusson sous le cheval ne touche pas la légende et CRESCUNT. Rijnbende n. 1605. Ar. t.b.c.

803 1746. *Rijksdaelder* à l' homme debout, tout autre gravure que pl. 139.2, et plus grand. MO : NO : ARG : CONFOE—BELG : PRO TRANSI. Ar. Beau.

804 **Cuinre.** *Seigneurie.* **Henri II.** *Esterlin* ꞀꞬꞞ — ꞀꞮꞬꝞ — Ꞅ
ꞬꝊ — ꞘꞞꞄꞄ. v. d. Chijs, pl. I, n. 2. Ar. t.b.c. Rare.

805 **Deventer.** *Ville. Escalin.* (Snaphaenschelling). Ar. b.c.

806 S. d. *Snaphaenschelling* au titre de Rudolphe II. Verkade, pl. 155.1.
Ar. t.b.c.

807 1662. *Ducaton.* Verkade, pl. 147.4. Ar. t.b.c.

808 1662. *Daelder* au chevalier debout, pl. 149.2. Ar. b.c.

809 1666. *Ducaton*, pl. 147.4. Ar. t.b.c.

810 1686. Pièce de *3 Florins*, pl. 152.1. Ar. b.c.

811 1686. Pièce de *30 Sous*, la valeur 30--ST des deux côtés. Compr.
Verk. pl. 151.3. Ar. Belle.

812 1689. *Double Daelder* ou pièce de 60 *Sous*, pl. 151.4. Ar. t.b.c.

813 1698. *Rijksdaelder* pl. 149.4 et 1685, Pièce de *30 Sous*, pl. 151
n. 1, 2, et 3. 4 pièces. Ar.

814 1698. Pièce de *3 Florins*. pl. 152.3. Ar. t.b.c.

815 1698. *Florin* pl. 152.4. Même pièce de 1682 et de 1687 pl. 152.2.
4 pièces. Ar.

816 *Escalin* de 1688 (2 ps.) et *Double Sou* de 1707. Ar. 3. ps.

817 **Campen.** *Ville. Double Ducat* imitation servile des *Double Ducats*
de Ferdinand et d'Isabelle rois d'Espagne. Bustes opposés, entre
les bustes un Œ . FꞬRꝹꞀNAN . ꞬT . ꞬꞒꞮꞄAB × ꝹV . R . P .
ꞮꝳP . QAꝳP . VꞀ. Rev. SVB × VꝳBRꞀ × ꞀꞒꞀRVꝳ ×
TVꞀRVꝳ × PRO ×. v. d. Chijs pl. XIV n. 5. **Or.** Beau. Rare.

818 s.d. *10 Sous* ou $^1/_5$ *Ecu.* Imitation des Philipsdaelders au titre de
l'empereur Rudolphe. RVDOL . II . D . G . ELEC . RO × IMP .

SEM . AVGV. Buste à g. Rev. Armoiries accosteés de 10—S MO .

ARGEN—IMP . CIVI . CAMPEN. Verkade pl. 160.5. Ar. t.b.c.
Fort Rare.

819 *Escalin à l'aigle* Essai fr. sur flan carré. MO . ARG—IMPERI—
CIVITA—CAMPEN. Rev. MATHI . I . D . G . ELEC . RO .
IMP . SEM . AVGV . Ar. t.b.c.

820 1597. *Rijksdaelder* au titre de Rudolphe II. pl. 160 n. 1. Ar. t.b.c.

821 1655. *Ecu* au titre de Ferdinand III. Var: de Verk. pl. 161.1. et
1676 *Rijksdaelder* pl. 161.2. 3 ps. Ar. a.b.c.

822 1664 *Ducaton.* Var: de Verk. pl. 159.3. Ar. t.b.c.

823 s.d. *Ecu au lion* (*Leeuwendaelder*) Var: de pl. 162.4 avec × MON ×
ARG × R × P × IMP — et au revers CONFIDENS × DNO × NON ×
NOVETVR ۞ Rare. Ar. t.b.c.

824 1648. *Leeuwendaelder* pl. 163.3. Ar. b.c.

825 1681. *Achtentwintig* contremarqué de HOL pl. 164.4. Ar. b.c.

826 — Même pièce, contremarquée de UTR. Ar. b.c.

827 1682. Pièce de *3 Florins* avec la date 1862 au lieu de 1682. pl.
164.1. Ar. a.b.c. Rare.

828   1692. *Daelder de 30 Sous* pl. 163.4. Ar. t.b.c.

829   *Escalin à l'Aigle* au titre de Rudolph (2 ps.) 1675. Même pièce au titre de Léopold, pl. 165.4. 1680 *Escalin* pl. 165.5 et *Sou* pl. 166.5. Ar. 5 pièces.

830   *Dutes* de 1660 et de 1662. Ae. 3 pièces.

831   **Zwolle.** *Ville.* 1648. *Ecu au Lion.* pl. 172.3. Ar. a.b.c.

832   1659. *Ducaton.* Var: de Verkade pl. 168.5. avec CIVITAT. Ar. t.b.c.

833   1660. *Rijksdaelder* à l'homme debout avec ARG . — . — CIVIT. pl. 171 n. 4. t.b c.

834   1661. *Ducaton.* pl. 169.1. Ar. t.b.c.

835   1682. Pièce de *3 Florins.* pl. 173.3. Ar. t.b.c.

836   1685. *Daelder* de 30 Sous pl. 173. n. 1. Ar. t.b.c.

837   1687. *Florin* pl. 173 n. 4. Ar. b.c.

838   *Achtentwintig* de 1621 pl. 174 n. 2. *Double Sou* de 1677, 1678. Ar. 3 pièces.

839   — *Dute* de 1739 et **Deventer.** *Dute* de 1663. 2 ps. Ae.

840   **Deventer, Campen, Zwolle.** 1567. *Daelder* aux armoiries heaumées des trois villes et au titre de Maximilien. v. d. Chijs. pl. VII n. 39. Ar. t.b.c.

GRONINGUE. PROVINCE ET VILLE.

841   *Province.* 1673. *Escalin* avec et sans contremarque, pl. 182.1. Ar. 4 pièces.

842   1673. *Achtentwintig* contremarqué du faisceau de flèches pl. 180 n. 2. Ar. t.b.c.

843   1674. Même pièce, contremarquée de UTR. Ar. b.c.

844   1674. Même pièce, contremarquée de HOL. et sans contremarque, pl. 180.4. Ar. 3 pièces.

845   1681. *28 Sous (Achtentwintig).* Aux deux mains jointes, pl. 181.1. Ar. t.b.c.

846   1682. *Ducaton,* pl. 179.3. Ar. Beau.

847   1683. *Rijksdaelder,* pl. 179.4. Ar. t.b.c.

848   1685. Pièce de *28 Sous* au buste en bonnet, pl. 181.2. Ar. Belle.

849   1692. Même pièce contremarquée, pl. 181.3. Ar. b.c.

850   *Sou* de 1681, 1683, 1765. Ar. 7 pièces.

851   *Ville.* 1593. Pièce de *8 Sous* ou *Dubbele Flabbe* au St. Martin var. de pl. 185.2. Ar. t.b.c.

852   1598. Pièce de *4 Sous* ou *Flabbe,* var. de Verk. pl. 186.3 avec MONETA—NOVA . AR . — GRONIN—GENSIS et sans points entre les mots de l'avers. Ar. Beau.

853   1601. *Rijksdaelder* au St. Jean portant l'écusson de la ville et au titre de Rudolphe II. Verkade pl. 184.2. Ar. t.b.c. Rare.

854   1626. Pièce de *VIII Sous.* 3 variétés. Même pièce de 1617, pl. 185.3 et 1691 *Escalin* pl. 186.1. 5 pièces. Ar.

855 *Sou* de 1690-91, 3 pièces. Ar.

856 **Hollande.** *Dutes* de 1604, 1702, 1723, 1739 et 1780 (6 pièces).
Zélande *Oort* et *Dutes* de 1681, 1754. 60, 87, 93. 94, 96 et 1797
(15 pièces). **Gueldre** *Dutes* de 1626, 1690. 1703. 1759, 65. 86, 88,
93 et 1794 (18 pièces). **Overijssel,** *Dutes* de 1628, 1741, 53, 54 et
1766 (8 pièces). **Utrecht,** *Dutes* de 1624, 37, 61, 63, 66, 84, 1722,
1739, 45, 52, 54, 64, 66, 67, 68, 84, 85, 86, 87, 88, 89, 90, 91,
92 et un *Oort* (50 pièces). *Dutes* de **Westfrise** de 1658, 63, 1739,
54, 65 et 1780 et un *Oort* (15 pièces). Ensemble 112 pièces. Ae.

857 **République Batave.** 1796. *Ducat* fr. à **Dordrecht. Or.** t.b.c.

858 1799. *Ducat* fr. à **Dordrecht. Or.** t.b.c.

859 1799. *Ecu* ayant servi à payer les troupes envoyées en Hollande.
Sur une piastre de **Charles IV** roi d'Espagne de 1794 on a estam-
pillé le buste de **George II** roi d'Angleterre. Mailliet pl. LII n. 10.
Ar. t.b.c.

860 1800. *Rijksdaelder.* fr. à **Harderwijk.** Ar. t.b.c. Rare.

861 1802. *Ducat.* fr. à **Utrecht.** CONCORDIA RES — PAR : CRES .
TRA. Re*. MO ; ORD : etc. Or. Beau.

862 — *Ducat* fr. à **Utrecht,** variété de gravure. Les caractères moins
grandes et les points derrière les mots du revers touchent le cartou-
che. Or. t.b.c.

863 1805. *Ducat.* fr. à **Utrecht.** Or. Beau.

ROYAUME DE HOLLANDE.

864 **Louis Napoléon.** Essai en bronze d'un *Ducat* à la tête de **Louis
Napoléon** à dr. NAP . LODEW . I . KON—HOLL. Rev. Cheva-
lier armé debout entre 17—99 CONCOR(DIA) RES—PAR : CRES :
TRA : *Ebrêché.* Ae. t.b.c. Fort curieux.

865 1807. *Ecu* de 50 Sous, le buste signé *George F.* Nahuys pl. VII,
41. Ar. F.d.c. Rare.

866 1808. *Ecu* de 50 Sous, non signé. Nahuys pl. VII, 43. 2 variétés.
Ar. F.d.c.

867 1808. *Ecu* ou pièce de $2^1/_2$ *Florins.* Comme Nahuys pl. VIII, 57.
signé *George F.* Ar. Fort beau. Rare.

868 1808. *Rijksdaelder* à l'ancien type d'**Utrecht.** Nahuys pl. VII, 46.
Ar. Beau.

869 1808. Pièce d'essai, **Pièce d'essai frappée en virolle pleine** etc.
Nahuys pl. VII, n. 51. Ae. Belle.

870 — Pièce d'essai, module plus petit. Nahuys pl. VIII, n. 52. Ae.
t.b.c. Rare.

871 1809. *Ducat* au chevalier debout. Nahuys pl. VIII, 55. Or. F.d.c.

872 — *Rijksdaelder.* Buste du Roi à dr. Rev. Armoiries entre R —D^R.
Nahuys pl. XII, 82. Rare. Ar. De toute beauté.

873 1809. *Florin* signé *George F.* Nahuys pl. VIII, 58. Ar. Beau.

874   — Même pièce. Ar. Belle.

875   — *Demi Florin* ou pièce de *10 Sous*, signé *George F.* pl. VIII. 59. Ar. Beau. Rare.

876   1810. *Ducat* au buste. Nahuys pl. XII, 81. Or. Beau.

877   1810. Pièce de *20 Florins* avec inscription sur tranche ; sans nom de graveur. Nahuys pl. VIII n. 53. Or. Fort rare. Superbe.

878   — Pièce de *10 Florins*, sans nom de graveur et avec inscription sur tranche pl. VIII, n. 54. Or. Superbe, fort rare.

LA HOLLANDE SOUS L'EMPIRE.

879   1813. *20 Francs* fr. à **Utrecht**. à la tête de Napoléon. Nahuys pl. XV, 101. Or. t.b.c. Fort rare.

880   1813. *5 Francs* fr. à **Utrecht**. Nahuys pl. XIV, 97. Ar. t.b.c.

881   1812. *2 Francs* fr. à **Utrecht**. pl. XV, 98. Ar. Beau.

882   1812. *Franc* fr. à **Utrecht**. pl. XV, 99. Ar. Beau.

883   1812. *Demi Franc* fr. à **Utrecht**. pl. XV, 100. Ar. t.b.c.

ROYAUME DES PAYS-BAS.

884   **Guillaume I.** 1815. Prince Souverain. *Rijksdaelder* à l'ancien type fr. à **Utrecht**. Ar. F.d.c. Rare.

885   *Roi*. 1816. Même pièce. Ar. t.b.c.

886   1817. *Ducat* à l'enfant au maillot. Or. F.d.c.

887   — *25 Cents* à l'enfant au maillot. Ar. Beau. Rare.

888   1818. Pièce de *10 Florins*. Or. F.d.c.

889   1817. Pièce de *3 Florins*. Essai fr. sur flan bruni. Ar. Superbe. Rare.

890   1819. *25 Cents* et même pièce de 1822, 24, 1823 (Bruxelles), 1826 Ar. 5 pièces.

891   1823. *Cent*. Essai fr. en argent. Ar. b.c. Rare.

892   1824 et 1837. *Florin*. 2 ps. Ar. Belles.

893   1826. *25 Cents*. Essai fr. en cuivre. Ae. t.b.c.

894   1826. *10 Cents* et de 1827, 28 et *5 Cents* de 1818 et 27 Ar. 7 pièces.

895   1827. Pièce de *5 Florins*. Or. Belle.

896   1828. *Ducat* fr. à **Bruxelles**. Or. Beau.

897   1831. *Ducat*. marque mon. flambeau et aigle, fr. pour la révolution en Pologne. Or. Beau. Rare.

898   1832. Pièce de *3 Florins*. Ar. Belle.

899   1835. *Ducat*. Or. t.b.c.

900   *Demi Cent*. 1860. *Cent* et *Demi cent* de 1843 et 1851. Ae. 16 pièces.

901   1840. Pièce de *10 Florins*. Or. Superbe.

902 1840. Pièce de 2½ *Florins*. fr. en essai sur flan bruni. Ar. Superbe.

903 1840. *Florin*. Essai fr. sur flan bruni. Ar. Superbe.

904 1825. Pièce de *25 cents* et 1827 *Pièce de 10 cents* malfrappées. Ar. t.b.c.

905 **Guillaume II.** 1840. *Ducat*. Or. F.d.c.

906 1840. *Florin*. Essai non émis. Buste du roi à g. signé V. D. K. au cou. WILLEM II KONING DER NED. G . H . V . L . Rev. Les armoiries entre I—G. MUNT VAN HET KONINGRYK DER NEDERLANDEN. 1840. sous les armoiries 100 c. Sur la tranche GOD * ZY * MET * ONS. Ar. F.d.c. *De la plus haute rareté.* De cette date il n'existe que deux exemplaires.

907 1841. *Ducat*. Or. Beau.

908 1841. Pièce de 2½ *Florins*. Essai fr. sur flan bruni. Ar. F.d.c.

909 1843. Même pièce. Essai fr. sur flan bruni. Superbe.

910 1846. Même pièce. Essai fr. sur flan bruni. Superbe.

911 1841. Essai d'une pièce de 2 ½ *Florins* par D. Uhlhorn. PROEF-STUK GESLAGEN. etc. Ar. F.d.c.

912 1842. *Florin*. Essai fr. sur flan bruni. Ar. Superbe.

912a 1843. Même pièce. Ar. F.d.c.

912b 1842. *10 Florins*. Or. F.d.c. fr. sur flan bruni.

913 1843. *5 Florins* fr. sur flan bruni. Or. Superbe.

914 1846. *Florin*. fr. sur flan bruni. Superbe.

915 — *Demi Florin*. Essai fr. sur flan bruni. F.d.c.

916 1847 et 1848. Mêmes pièces. Ar. F.d.c.

917 1848. Pièce de *20 Florins (Dubbele Negotiepenning)* fr. sur flan bruni. Or. Essai. Superbe.

918 *10 Florins (Negotiepenning)* fr. sur flan bruni. Essai. Or. Superbe.

919 1848. *5 Florins (Halve Negotiepenning)*. fr. sur flan bruni. Essai. Or. Superbe.

920 1843. 10 *Cents*. Essai fr. au **W** gothique. Ar. F.d.c. Rare.

921 1845. Essai du revers d'un *Florin*. Ar. F.d.c. Uniface.

922 1848. 25 *Cents* fr. sur flan bruni. Ar. F.d.c.

923 1848. 10 *Cents* fr. sur flan bruni. Ar. F.d.c.

924 1848. 5 *Cents*. Essai fr. sur flan bruni. Ar. F.d.c. Fort rare.

925 **Guillaume III.** 1849. *Ducat*. Or. F.d.c.

926 1850. Pièce de 20 *Florins (Dubbele Negotiepenning)*. fr. sur flan bruni. Or. Superbe.

927 — 10 *Florins (Negotiepenning)*. Essai. Or. Superbe.

928 — 5 *Florins (Halve Negotiepenning*. Essai. Or. Superbe.

929 1851. Même pièce. Or. Belle.

930 1854. *Double Ducat* frappé sur flan bruni. Essai. Or. Superbe. Extrêmement rare.

931 1849. Pièce de 2½ *Florins*. Essai fr. sur flan bruni. Ar. F.d.c.

932 1854. Pièce de 2½ *Florins*. Ar. Belle.

933   1862. Même pièce. Ar. F.d.c.

934   1870. Même pièce. Ar. F.d.c.

935   1872. Même pièce. Ar. F.d.c.

936   1874. Même pièce. Ar. F.d.c.

937   1850. *Florin.* Essai fr. sur flan bruni. Ar. Superbe.

938   *Florins* de 1854-59 et 1865. Ar. F.d.c.

939   1850. *Demi florin.* Essai fr. sur flan bruni. Ar. F.d.c.

940   1859. Même pièce. Ar. F.d.c.

941   1849. *25 Cents.* Essai fr. sur flan bruni. Ar. F.d.c.

942   1849. *10 Cents* fr. sur flan bruni. Ar. F.d.c.

943   1853. *10 Cents* fr. en essai, estampillé de **718**. Ar. F.d.c. Rare,
Essai non émis, l'argent étant supérieur au titre légal.

944   1856. 1859. *10 Cents.* Ar. Beau.

945   1850. *5 Cents.* Essai. Ar. F.d.c.

946   1853. 5 Cents. Essai fr. sur flan bruni, estampillé de **718**. Ar. F.d.c. Rare.
Essai non émis, l'argent étant supérieur au titre légal.

947   1850. 1855. *5 Cents.* Ar. Beau.

948   1877. *2½ Cents.* (2 ps.) 1878. *Cent* et *½ Cent* fr. en essai.
Ae. F.d.c. 6 pièces dans un écrin.

949   **Wilhelmina.** 1894. *25 Cents.* Ar. F.d.c.

MONNAIES D'OUTREMER.

950   **Asie. Indes Orientales néerlandaises.** 1601. *Piastre*
ou pièce de *huit Escalins* frappée par ordre de la Compagnie
à Amsterdam dans l'atelier de **Dordrecht**. Netscher en van der
Chijs. pl. In. 1. v. Loon. 1. p. 555. n. 1. Fort rare. Ar. t.b.c.

951   1728. *Ducaton* fr. à **Hoorn**. Ar. Beau.

952   1739. *Ducaton* fr. à **Dordrecht**. Ar. Beau.

953   1756. *Dute* fr. à **Hoorn** et 1792. *Demi Dute* d'**Utrecht**. Deux pièces
fr. en argent.

954   1786. Pièce de *3 Florins* fr. à **Harderwijk**. Ar. t.b.c.

955   — Même pièce fr. à **Hoorn**. Ar. t.b.c.

956   — *Florin* fr. à **Utrecht**. Ar. Beau.

957   — *Demi Florin* fr. à **Utrecht**. Ar. Beau.

958   1789. Pièce de *3 Florins* fr. à **Middelbourg**. Ar. t.b.c. Rare.

959   **République Batave.** 1802. *Florin,* $^1/_4$ *Florin* et $^1/_{16}$ *Florin* au navire.
Ar. 4 pièces.

960   1805. *Roupie* fr. à **Sourabaya** par *Zwekkert*. Netscher pl. VI, 37b.
Ar. t.b.c.

961   1806. *Roupie* fr. à **Sourabaya** par le même. Netscher pl. VI, 37b.
Ar. t.b.c.

962   — *Demie Roupie* fr. à **Sourabaya** par *Zwekkert* pl. VI, 38. Ar. Belle.

963 1807. Dute fr. à **Deventer**. Essai fr. en argent. Netscher et van der Chijs pl. VI, 42. Ar. t.b.c. Fort rare

964 **Gouvernement Anglais.** 1812. *Demi Sou.* Ae. t.b.c.

965 **Guillaume I**. 1826. *Demi Florin* fr. sur flan bruni. Ar. F.d.c.

966 1840. *Florin.* Ar. F.d.c. Flan bruni.

967 1840. ¹/₄ *Florin*, fr. sur flan bruni. Ar. F.d.c.

968 **Guillaume III.** 1854. ¹/₄ *Florin*. Essai sur flan bruni. Ar. F.d.c.

969 1854. 10 *Cents*. Essai. Ar. F.d.c.

970 1854. 5 *Cents*. Essai. Ar. F.d.c.

971 1856. 2¹/₂ *Cent* 1855 et 1856. *Cent*. Ae. F.d.c.

972 1855. *Demi Cent.* Ae. F.d.c.

973 1855. *Cent.* fr. en essai. Ae. F.d.c. 2 ps. dans son écrin.

974 1855. ¹/₂ *Cent.* fr. en essai. Ae. F.d.c. 2 ps. dans son écrin.

975 1856. 2¹/₂ *Cents*. fr. en essai. Ae. F.d.c. 2 ps. dans son écrin.

976 1855 et 56. *Demi Cent.* fr. sur flan bruni. Ae. F.d.c.

977 **Indes Britanniques.** 1841. *Gold Mohur* à la tête de *Victoria* à g. Rev. Lion près d'un palmier. Atkins n. 9. Or. gr. 11.7. Beau.

978 **Madras.** *Cinq Roupies.* Ecusson surmonté d'un lion, tenant couronne. Thurston pl. XI.9. Or. gr. 4.8. Belle.

979 *Pagoda* à l'étoile. Le Dieu Swami. Revers Etoile à cinq rais dans une triple cercle de globules. Atkins n. 1. Or. gr. 3.5. Beau.

980 *Pagoda.* Le Dieu Swami debout. Rev. Granulé. Or. gr. 3.4. Beau.

981 **Japon.** **Naka Mikado Tenno.** 1725. Grande plaque d'or ovale de **Kioho'** de Villaret. Revue Numism. 1892. pl. XV. 41. Or. gr. 13. t.b.c.

982 **Gomomo zono Tenno.** 1772. *1 Koban*; de Villaret pl. XV. 49. Ar. carré. Beau.

983 **Ninko Tenno.** 1819. Plaque d'or ovale de *Bunsei*; de Villaret. pl. XVI. 51. Or. gr. 13. Belle.

984 — 1818. Pièce de *2 Bu.* carrée; de Villaret pl. XVI. 50. Or. gr. 6,5. Belle.

985 — 1819. *1 Bu* carré de Bunsei. Compz. pl. XVI. 52. Or. gr. 3. 2. Belle.

986 — 1824. *1 Shiu* d'or de Bunsei, carré, pl. XVI. 55. gr. 1.7 Beau.

987 — 1824. *Monnaie carrée*, pl. XVI. 54. Ar. Belle.

988 — 1839. *Monnaie ovale*, pl. XVI. 65. Ar. t.b.c.

989 **Siam.** **Chula Longkorn.** *Tikal* au buste à g. Ar. t.b.c.

990 *Tikal* de forme sphérique, avec deux contremarques. Ar. t.b.c.

991 **Annam.** *Liwong.* frappé en essai. Mm. 40/92. Epaiseur Mm. 5. Ar. gr. 192. Fort intéressant.

992 *Liwong.* Mm. 13/43. Ar. Beau.

993 *Dollar.* Avers Un Dragon. Rev. Légende, au milieu un soleil. Ar. Beau. 3 pièces variées.

994 *Dollar.* Av. Soleil entre deux dragons et deux caractères anamites dans une bordure de demies cercles. Ar. Superbe.

995 **Afrique.** **Tunisie.** 1891. *10 Francs.* Or. Bau.

996 **Christiansborg**. *Colonie danoise*. Christian VI. 1730. *Ducat* sur son couronnement. D . XII . OCTO . -- 1730. CHRISTIANS BORG . I . GUINEA. Or. Beau.

997 **Compagnie allemande de l'Afrique orientale**. 1890. *Roupie* au buste de l'Empereur à g. Ar. Beau.

998 **Transvaal. Krüger** 1894. *Pound.* **I Pond**. Or. Beau.

999 - *5 Shillings*. Ar. t.b.c.

1000 — 1892. 2¹⁄₂ *Shillings*. Ar. Beau.

1001 — 1892. 2 *Shillings* sans légende au droit. Ar. Beau.

1002 **Amérique. Massachusetts**. 1652. *Pine-tree Shilling.* Atkins n. 5. Ar. t.b.c. Rare.

1003 **New Jersey**. *Cent* 1786. NOVA CÆSAREA. Ae. t.b.c.

1004 **Nouvelle Amsterdam**. 1816. Obsidionale de 3 *Florins*. Pièce triangulaire contremarquée de 3. Mailliet pl. III, 1. Fonr. 7883. Ar. t.b.c.

1005 **Etats-Unis de l'Amérique.** 1799. *Dollar.* Fonr. 431. Ar. t.b.c.

1006 1807. *Quarter Dollar*. Fonrobert 492. Ar. t.b.c. Rare.

1007 1826. *Half Dollar.* Fonr. 574. Ar. Beau.

1008 1830. *Dime,* 1837 *HalfDime* (Fonr. 677.) Ar. 2 ps.

1009 1832 et 1833. *Half Dollar.* 2 ps. Belles.

1010 1838. *Half Dollar.* Fonr. 689. 1839. *Quarter Dollar.* F. 697. F.d.c. et *Dime* de 1840. Ar. 3 ps.

1011 1818. *Half Dollar.* Ar. t.b.c.

1012 1849. *Dollar.* Or. Beau.

1013 1869. 25 *Cents*. Essai fr. sur flan bruni. **Standard Silver** dans une couronne de laurier 25 CENTS dessous 1869. Ar. Superbe.

1014 1874. *Trade Dollar*. Ar. t.b.c.

1015 1893. *Columbian Half Dollar* à la tête de **Columbus** à dr. Rev. *World's Columbian Exposition Chicago 1893.* Ar. t.b.c.

1016 **North Carolina. Rutherford**. *Dollar*. BECHTLER RUTHERF. * dans le champ 28 G. Rev. CAROLINA DOLLAR * dans le champ ONE. Fonrobert n. 3739. Or. Beau.

1017 **Indes occidentales. Colonies néerlandaises**. 1794. Pièce de 3 *Florins* fr. à **Utrecht** avec **W** sous l'écusson. Ar. Beau.

1018 — *Florin* au même type. Ar. Beau.

1019 — ¹⁄₄ *Florin* au même type. Ar. Beau.

1020 **Curaçao**. 1821. *1 Reaal*. Ar. Beau.

1021 1822. *1 Stuiver*. Billon t.b.c.

1022 - Même pièce. Ar. Belle.

1023 — Essai du droit d'un *Sou*. CURACAO — 1822. Ar. Uniface. Belle.

1024 — Essai du revers de la même pièce. Une face. Ar. Belle.

1025 **Suriname**. 1764. *Dute* de la „*Societeit van Suriname*". Ae. 2 ps.

1026 **Colonies Anglaises. Guyane**. 1822. ¹⁄₄ *Guilder*. Ar. t.b.c.

1027 ¹⁄₈ et ¹⁄₁₆ *Guilder* de 1822. Ar. 2 ps.

1028   1833. 1 *Guilder*. Ar. t.b.c.

1029   **Colonies Françaises. Iles-du-Vent.** 1732. 20 *Sols* fr. à *La Rochelle*.
Au buste de Louis XV a dr. Ar. t.b.c.

1030   **Argentine.** 1879. Essai d'un *Patacon* par *C. Wurden*. Tête
de la Liberté à. g. REPUBLICA ARGENTINA essai 1879.
c. wurden. Rev. Les armoiries. LEY DEL 25 DE SETIEMBRE
1878. * UN PATACON * Ar. Superbe.

1031   — 1890. *Dos Centavos*. Ae. t.b.c.

1032   — **Bolivia.** 1844. *Peso* a la tête de Bolivar a dr. Medina pl.
85, 11. Ar. F.d.c.

1033   — 1851. *Peso* à la tête de Bolivar à g. Ar. F.d.c.

1033*a*   **Brésil. D. José I.** 1771. *600 Reis*, grand J. couronné, fr. a
Rio; frappé pour les contrées minières. Meili pl. XXIII. 66. Ar.
t.b.c. Rare.

1034   **D. Joao VII.** Prince Régent 1802 —1818. *Patagon* de 1814. fr. a **Rio**.
Ar. Beau.

1035   1816. *Patagon* fr. à **Rio**. Ar. Beau.

1036   1816. *Patagon* de 960 reis. fr. à **Bahia**. Ar. t.b.c.

1037   **D. Joas VII.** *Roi* 1820. *Patagon* fr. a **Rio**. Ar. Beau.

1038   **Pedro I.** 1826. *Patagon*. Ar. t.b.c.

1039   **Chile.** 1839. *Peso*. Medina pl. 88 n. 2. Ar. F.d.c.

1040   **Dominique.** 1891. Essai d'une pièce de *Cinco Francos* par
Tasset. Ar. F.d.c.

1041   **Haïti. Henri I Christophe.** 1811. *Dollar* ou *Double Gourde*.
Buste du roi émaillé en couleur. Épreuve. Fonr. 7469.
Superbe. Rare.

1042   **Mexique.** 1842. *Peso* de 8 Reaux. Ar. Beau.

1043   **Pérou.** 1832. *Peseta*. Medina pl. 81.11. Ar. t.b.c.

1044   1843. *Peso*. Medina pl. 83.7. Ar. F.d.c.

1045   **Cuzco.** 1838. *Peso*. Medina pl. 86. n. 1. Ar. t.b.c.

1046   **Uruguay.** 1877. *Peso*. Ar. t b.c.

MONNAIES VARIÉES.

1047   Lot de dix *Roupies* coupées en partie pour en prendre essai,
avec un rapport fort intéressant sur le titre de 25 roupies variées;
celles qui se trouvent dans le lot présent, portent les nos. 2, 4,
8, 13, 14, 17, 18, et les ls. A. B et C. du rapport, il en résulte
que le titre des Roupies de Java diffère de 663 a 833 millièmes
el des arcat roupies de 926 à 964.

1048   Lot de quatre *Rijksdaalders* de 1852, coupés en partie et numé-
rotés, avec une liste du titre de chaque pièce, qui diffère de
943.250 à 945.250.

1049   Pièce de trois *Florins* de 1691 pour la Gueldre, fausse, avec une
lettre du 23 Nov. 1844.

1050 Flans de coin originaux de *Florins* $1/2$, $1/4$, $1/10$ et $1/20$ *Florin* de *Cents* et $1/2$ *Cents*. Lot intéressant de 65 pièces en cuivre et de 13 pièces en argent.

1051 Flans de coin originaux de *Florins* et deux pièces en cuivre de la grandeur d'un $2^1/_2$ *Cent*, ayant sur la tranche GOD * ZY * MET * ONS. 4 pièces.

1052 Lot de monnaies et médailles en cuivre. 20 pièces variées.

1053 Lot de monnaies de divers états, 76 pièces. Ar. gr. 208.

1054 Lot de monnaies suisses (Nickel) (12 pièces), françaises (50 pièces, belges (24 pièces), anglaises (20 pièces), hollandaises (76 pièces). Ensemble 184 pièces. Ae.

1055 Lot intéressant de monnaies espagnoles du **Brabant** (13 pièces) de **Brunswick** (9 pièces). Ensemble 22 pièces. Ae.

1056 Lot de monnaies russes, allemandes, françaises, anglaises, hollandaises etc. etc. et deux deniers romains. Ar. gr. 110. 31 pièces.

1057 Lot intéressant de monnaies de **Suisse**, de **Clèves** de **Saxe**, de **Zélande**, de **Pyrmont**, d'**Aix-la-Chapelle** de **Dantzig**, de **Liège** de **Juliers** et de **Frise**. 4 ps. billon, 21 ps en cuivre. Ensemble 25 pièces.

1058 Lot de 306 monnaies en cuivre de tous les pays.

1059 Lot de monnaies en argent de divers états de l'Europe. Ar. gr. 354. 100 pièces. Lot intéressant.

1060 Lot de monnaies en cuivre et en billon de divers états de l'Europe. Ensemble 150 pièces.

1061 **Turquie.** *Grousch* et ses divisions. Ar. 13 pièces. Lot intéressant.

1062 Lot fort intéressant de monnaies en cuivre des Indes néerlandaises, 69 pièces. Ce lot contient des pièces de l'époque de la Compagnie, de la République batave, du Royaume de Hollande, des Pays-Bas, de la Comp. anglaise de **Bandjermasin** etc.

1063 Lot fort intéressant de monnaies en cuivre des rois grecs et scythes de **Bactrie** et **Indie, Eucratides, Menander, Kadaphes**, de monnaies de **Rayputana** et d'autres pièces des Indes. Ensemble 41 ps. t.b.c. b.c. et a.b.c.

1064 Lot de monnaies de la **Chine**, du **Japon**, des **Indes** etc. en cuivre et en étain. Ensemble 24 pièces.

1065 Lot fort intéressant de monnaies des **Indes britanniques**, etc. (roupies; $1/2$ et $1/4$ roupies etc.) ensemble 18 pièces en argent.

1066 Lot de deniers romains impériaux. 14 pièces.

MÉDAILLES ET JETONS HISTORIQUES.

1067 S.d. Jeton sur le mariage de **Robort de Béthune** comte de **Flandre** et **Jolande** de **Bourgogne Nevers**. Avers ℞ gothique entre quatre lis.. Rev. I gothique accosté de quatre lis. Mm. 17. Ae. b.c. Rare

1068 1486. **Maximilien** élu empereur du St. Empire. Médaille authentique en bronze doré aux bustes de **Maximilien** et de sa femme **Marie de Bourgogne**. v. Mieris I. p. 184 n. 1. t.b.c.

1069 — Superbe médaille en or en commémoration du mariage de **Henry VII** et d'**Elisabeth de York**. Les deux fiancés vus de trois quart se donnant la main. † IVNGIMVS . OPTATAS . SVB . AMICO . FOEDERE . DEXTRAS. Rev. Dans une couronne de roses VXOR — CASTA — EST . ROSA — SVAVIS. Lég. ext. SIGVT . SOL . ORIENS . DEI . SIC . MVLIER . BONA . DOMVS . EIVS . ORNAMENTVM. Franks p. 19 n. 1. v. Mieris I p. 174. Mm. 53. Or. gr. 17.5. t.b.c. Extrêment rare.

1070 1530. **Jean de Saxe**, défenseur de la Réforme et 1535 **Jean Frédéric de Saxe**. Deux méd. coulées anciennes. v. Mieris II 336, n. 3 et 429.1. Br.

1071 1537. **Charles V**. Belle médaille ancienne au buste de l'empereur **Charles V** à dr. tenant globe et sceptre. Rev. Double aigle impériale portant les armoiries de l'empereur, entre les colonnes d'Hercule. PL—VS—OVL TRE par *Heinrich Reitz*. v. Mieris II, p. 466.1. Mm. 64. Ar. gr. 82.5. Belle et rare.

1072 1544. Médaille au buste de **Charles V** presque de face, tourné à dr. couvert d'un chapeau et orné du toison d'or. LVMINA . ET . ORA . CAROLI . V IMPERATOREIS . GERMANIAE . M . D . XLIII. Rev. Son écusson, couronné et orné de la toison d'or. CAESAREAE . MAIESTATIS . CAROL—IS . V . ARMA . AC . IMSINIA . MD. Belle médaille au type de van Mieris III pag. 46, n. 2. Mm. 41. Ar. Extrêmement rare.

1073 1545. Jeton à la tête laureé à g. de Charles V. Rev. Une balance en équilibre. Dugn. 1634. Ae. t.b.c.

1074 1550. Jeton d'**Antoine de Croy**. D. 1814. Fort rare. Ae. t.b.c. avec petit trou.

1075 1553. Succès de **Henri II** v. Mieris III 314.1. Ae. coulée. b.c.

1076 1552. Election de **Ferdinand**, fils de **Charles V**. Empereur d'Allemagne. Médaillon au buste cuirassé à dr. v. Mieris III 437. Uniface. Ae. Beau.

1077 1553. Jeton de la Chambre des Comptes à Bruxelles au buste de Charles V. D. 1906. Ae. b.c.

1078 1556 Jeton de Bruxelles au type du dernier Jugement. Var. de Dugn. 2083. Ae. t.b.c.

1079 1556. **Marie Tudor**, reine **d'Angleterre**, restauration du culte catholique. Superbe médaille par *Jacopa da Trezzo ;* au revers Marie personifiéé comme la Paix CECIS . VISVS TIMIDIS QVIES. Franks p. 72 n. 20; van Loon I p. 10. Belle pièce en bronze avec très petit trou.

1080 Lot de 15 Jetons. 1559. D. 2187 ; 1563. D. 2339. 1569. D. 2492 var ; 1571. D. 2538 ; 1575. D. 2644 ; 1577. D. 2721 (2 ps); 1578. D. 2743 ; 1580. D. 2800 (2 ps.) et 4 autres jetons. Ae. b.c.

1081   1561. **Antoine Perenot**. Cardinal de **Granvelle**. Son buste à dr. avec bonnet et au titre **d'Archevêque** de **Malines**. Rev. Neptune vient à secours d'Acnée dont le navire est surpris par une tempête. Chef d'oeuvre d'un médailleur flamand. v. Loon I. éd. holl. 59. éd. fr. 58 n. 1. Ar. Mm. 57, gr. 43. T.b.c.

1083   1562. Jeton de **Philippe de Croy** et de **Jeanne de Halewijn**. D. 2317. v. L. I. éd. holl. 94. éd. fr. 92. n. 2. Ae. t.b.c.

1084   (1566). WALBOVRG DE NVENAR CONTESSE DE HORN. Buste drapé de la comtesse de **Hornes** à g. Rev. SAEVIS TRANQ VILLVS . IN . VNDIS. Une mer sur laquelle on voit un alcyon dans son nid et une chaloupe voilée; les quatre vents qui s'efforcent contre un rocher, sont dispersés par une main céleste. Droit comme le revers de v. Loon. I. 76/75. n. 1. Mm. Br. Beau.

     Au premier abord on croirait que l'artiste qui a fait usage du coin de la médaille de 1566 au buste du comte de Hornes en le frappant sur un flan plus grand, à usé pour le revers de la méd. au buste du prince Guillaume d'Orange, gravée dans v. Loon p. 240/236 n. 3. — Un examen plus attentif prouve que le maître, sans doute Cour. Bloc nous à fourni une variété, en premier lieu, le nid a une tout autre forme, avec un petit alcyon au milieu, et au lieu de l'oiseau volant qu'on voit sur la méd. du Prince d'Orange on voit ici une navire. — Pièce fort intéressante.

1085   1567. Médaille des **Gueux**. Buste de Philippe II à g. EN TOVT FIDELLES AV ROY. Rev. Deux mains jointes tenant une besace IVSQVES A PORTER LA BESACE. v. Loon I. 105—103. Br. t.b.c.

1086   1569. *Jeton*. Vengeance du duc d'Albe contre la ville d'Utrecht. D. 2492. v. L. I. éd. holl. 127. Ae. Beau.

1087   1574. 3 Oct. Délivrance de **Leyde**. v. L. I. éd. holl. 195, éd. fr. 193. n. 1. Ar. gr. 34,5. Belle.

1088   1574. **Leyde**. Méd. Municipale. v. L. I. 196—193. n. 1. Ar. t.b.c.

1089   1575. **Alexander Farnèse** duc de Parme. Son buste à dr. ALEXANDER CAR FARN . S . R . E . VICECAN. Rev. Eglise FECIT ANNO SAL . MDLXXV. dessous ROMAE. Mm. 48. Br. troué. t.b.c.

1090   1575. *Jeton*. Différents au sujet du culte catholique. D. 2650. Ar. t.b.c.

1091   1579. Décapitation des comtes **d'Egmond** et de **Hornes**. Jeton de grand module v. Loon I. éd. holl. 275, éd. fr. 270 n. 1. Dugn. 2777. Ar. Beau. et rare.

1092   1582. Jeton au buste de **Francois d'Alençon**. Sur son inauguration comme duc de Brabant. Module plus petit que v. L. I. éd. holl. 309, cd. fr. 304. n. 1. Mm. 35. Ar. gr. 12. Beau.

1093   1582. Jeton. Attentat de **Jauregui** contre le **Taciturne**. v. L. I. 315—309. 2. D. n. 2890. Ar. b.c.

1094   1584. **Mathias Schyrer**. MATTHÆVS SCHYRER AETAT 34. Son buste cuirassé à dr., dessous 1584. Rev. JUNGITVR FORTVNA MORIBVS. Fortuna sur un rocher au milieu des flots. Mm. 30. Ar. gr. 8,5. Belle et rare. *Voir la gravure*.

1095   1585. Jeton satirique sur la reddition d'Anvers. Rev. Elisabeth d'Angleterre assise. v. L. I. 362— 355 2; D. 3044. Franks I n. 86. Ar. Beau.

1096   1587. Retour du comte de **Leicester** des Pays-Bas en **Angleterre**.
Son buste cuirassé de face ROBE . CO . LEIC . ET . IN . BELL
GVBER 1587. Rev. Un chien quittant son troupeau de brebis.
NON * GREGEM * SED * INGRATOS et dans le champ sous
le chien INVITVS DESERO. Franks I p. 140 n. 100. v. Loon I
éd.-fr. 375. éd. holl. 382. 1. Mm. 50. Ar. Belle.

1097   1587. *Jeton* de **Hoorn**. Excitation à la vigilance des Anglais et
des Hollandais. v. L. I. éd. fr. 371 n. 1. éd. holl. 377 D. 3141.
Franks n. 105 Ar. Beau et rare.

1098   1588. *Jeton* de **Gorcum**. Rev. *Fano foroque etc.* Dugn. 3180. v.
L. I. 386—380. 1. Ae. t.b.c. troué. Rare.

1099   1590. Surprise de **Bréda** par d'Héraugières. Méd. en arg. gr. 17,5.
v. L. I. 409—403. Belle.

1100   Lot de 7 *jetons*. 1590. D. 3256; 1591. D. 3291; 1589. D. 3230
(3 ps.); 1591. D. 3279. D. 3281. Ae. b.c.

1101   1591. Méfiance des offres de paix de l'Espagne. v. L. I. 423—416.
D. 3288. Ar. et Ae. t.b.c.

1102   1592. *Jeton* de la chambre rhétorique. *In Minnen Grociende à*
Middelbourg. D. 3323 bis. Ae. b.c.

1103   1592. Excitation à la concorde entre les villes **de Deventer, Campen**
et **Zwolle** pendant les difficultés aux sujets de l'occupation des
villes de **Coevorde** et de **Hasselt**. De Vries en de Jonghe I pl.
VI n. 6. Madai n. 5925. Ar. gr. 42. Belle et rare.

1104   Lot de 6 *jetons*. 1593. D. 3324; D. 3326 (2 ps.); 1594. D. 3335;
1595. D. 3375. D. 3389. Ae. b.c. et t.b.c.

1105   1594. **Coevorde** dévestie et **Groningue** prise par **Maurice**. van Loon
I éd. fr. 440 éd. holl. 448 n. 2. Ar. Belle.

1106   1595. PHLE . SIRE . DE CROY . DVC . DARSCHOT . PRINCE .
Son buste cuirassé à dr. orné de l'ordre de la toison d'or au cou
ÆT . 69. Rev. DE . PORCEAN—CONTE . DE . BEVMONT—
SENINGHEM. Une main tenant une ruche, en haut ses armoiries.
dans le champ 15—95, des abeilles et sur une banderolle DVLCIA
MIX—TA MALIS. Belle médaille authentique de Philippe de Croy.
Mm. 36. v. Loon I éd. holl. 458 éd. fr. 450. Br. Rare.

1107   1595. Invasion des **Français** dans le comté de **Bourgogne** et décla-
ration de la guerre à la France. v. Loon I éd. fr. 448. éd. holl.
456, Ae. Belle et rare.

1108   1595. *Jeton*. D. n. 3368. v. Orden I 1016. Ar. t.b.c. Rare.

1109   1596. Triple Alliance. *Jeton* en argent. D. 3398. v. L. I. éd. holl.
481, éd. fr. 471 n. 2 Beau.

1110   Même sujet. v. Loon n. 4. D. 3402. Ar. t.b.c.

1111   Lot de 9 *Jetons*. 1596. D. 3397; Triple Alliance. D. 3400; 1597.
Victoire de Turnhout. D. 3412 (2 ps.) et 3416; 1598. D. 3449;
D. 3446; 1600. D. 3502. Ae. t.b.c. et b.c.

1112   1596. Destruction de la flotte espagnole au **Cap Finistère**. van
Loon I éd. fr. 476 éd. holl. 487 n. 1. Franks I p. 163 n. 148.
Ar. gr. 40 Superbe et rare.

4

1113   1597. Victoire de **Turnhout** et prise des villes **d'Alpen, Rheinberk, Meurs, Grol, Bredevoort, Enschede, Oldenzaal, Otmarsum, Lingen** par Maurice de Nassau. v. Loon I 482/494. 1 Ar. gr. 45,5. Belle médaille. Rare.

1114   — Victoire de **Turnhout**. Médaille des Etats **d'Overijssel** au prince à cheval. Comparez v. Loon I éd. fr. 482 — éd. holl. 494,3. Mm. 56. Ar. gr. 51. Belle.

1115   1598. Mort de **Philippe II d'Espagne**. MORS - SCEPTRA . LI-GONIBVS ÆQVAT *. La mort portant un clepsydre et une flèche, avec laquelle elle repousse une couronne, à ses pieds un sceptre et une bêche en sautoir; dans le champ I 3 . — SEPT. et 15—98. Rev. L'écu couronné de Zélande. Beau *jeton* en argent fr. à **Middelbourg**. Dugn. n. 3459. v. Loon I 512—500, n. 1. Ar. gr. 9.

1116   1599. L'expédition de l'amiral van der Does aux Canaries. D. 3472. v. L. I 532—519 n. 2. Ae. Beau.

1117   1600. Victoire près de *Nieuport*. Le prince Maurice à cheval. v. Loon I. éd. fr. 535, éd. holl. 548 n. 1. Franks n. 171. Ar. gr. 21.5. Belle.

1121   Même sujet. ORDINVM . TRAIECTENSIVM NVMISMA. v. Loon I 548 -535 no. 2. Ar. gr. 34.5. Rare.

1122   1600. Prise du fort **St. André** et victoire près de **Nieuport**. Droit du jeton v. Loon 546—533 et voir pour le revers, le droit du jeton v. L. I. 548—535 n. 5. Essai en piedfort d'un jeton inédit. Ar. Beau. Très rare.

1123   1600. Prise du fort **St. André**. D. 3504. v. L. I 546—535 Ar. b.c.

1124   1601. **Maurice** proclamé comte de **Meurs**. Superbe jeton au buste cuirassé du prince Maurice. D. 3518. v. L. I 559—543. Ar. Superbe.

1125   Lot de 10 jetons 1601 D. 3518; D. 3521. 1602. Prise de **Grave** D. 3535; 1604. Siége et capitulation **d'Ostende**. D. 3583, D 3585, D. 3588. 1605 Powderplot, D. 3599. Ae. t.b.c. et b.c.

1126   1602. Prise de **Grave**. Médaille au buste de **Maurice de Nassau-Orange** à dr. par Conrad Bloc. Rev. Oranger. v. Loon I 569—553 n. 1. Franks n. 181. Encadrement avec bélière du temps. Ar. Belle.

1127   — Victoire des Hollandais sur terre et sur mer. Prise de **Grave** et destruction de six galères espagnoles. Médaille frappée par ordre des Etats-Généraux avec plan de la ville de **Grave** et avec vue du combat naval. v. Loon I 555—571. Franks p. 179 n. 180. Ar. gr. 53. Belle. Rare.

1128   1604. **Ostende** rendue aux Espagnols et prise de **Sluis, Aerdenburg** etc. par le prince **Maurice**. Belle médaille avec les plans des villes prises. Rev. Légende en 12 lignes. v. Loon II 15 n. 2. Ar. gr. 53.5. Belle.

1129   — Médaille au même sujet fr. par ordre des Etats d'Utrecht. Plan de la ville de **Sluis**. Rev. Plan de la ville **d'Ostende**. v. Loon II, p. 15 n. 3. Ar. gr. 58. t.b.c.

1130   1604. Jeton. Tranquilité de la **Zélande**, v. L. II n. 14. D. 3582. Ae. Beau.

1131   1606. Pusillanimité des Hollandais. v. L. II. 24.1. D. 3611. Ar. t.b.c.

1132   Lot de 17 jetons. 1606. Pusillanimité des Hollandais. D. 3611; Méfiance en Zélande D. 3636. 1609. D. 3651. 1610 Assassinat de Henri IV. D. 3665; 1611 Troubles d'Utrecht. D. 3681; 1613. D. 3689; 1619. D. 3758; 1620. D. 3764 (2 ps. var.) 1625. D. 3827; 1661. D. 4174; 1671. D. 4289. Ae. t.b.c. et b.c.

1133   1607—9. Jetons ayant rapport à la trève. D. 3622. 23. 24. 28. 31. 32. 34. 35. 36. 42. 47. 48. 49. 51. 58. Série intéressante, la plupart de belles pièces. Ae. 15 ps.

1134   1608. Méfiance en *Zélande* (Le cheval de Troie). v. L. II, 41. D. 3636. Ar. t.b.c.

1135   1609. Trève de douze ans et triple alliance. D. 3468. Ar. t.b.c.

1136   — Excitation à la vigilance. D. 3561. Ar. t.b.c.

1137   1609. Maintien de la religion catholique. Beau jeton avec le centre en cuivre rouge et le contours en cuivre jaune, v. L. II. 57.2. D. 3654. Rare.

1138   1612 Mort de **Henry Prince of Wales**. Jeton au buste de face. Rev. Armoiries. Franks I p. 200 n. 29. Ar. Beau.

1139   1613. Médaillon au buste du prince **Maurice d'Orange** chevalier de l'Ordre de la Jarretière. van Loon II. 87. Franks I. p. 205. n. 39. Vermeil. Mm. $^{43}/_{53}$. Belle.

1140   1614. Jeton de la Chambre des comptes de Liége; aux armoiries de Ferdinand de Bavière. v. L. II. éd. holl. 35. éd. fr. 86.3. D. 3705. Ae. t.b.c.

1141   1619. Synode de **Dordrecht** et restauration du répos dans l'Eglise et dans l'Etat par Maurice. Var. de van Loon II. $\frac{112}{113}$ Franks n. 79. Ar. gr. 56. 5. Belle.

1142   — Même sujet. Belle médaille sans le petit chien. v. Loon II. 105. Franks n. 77. Ar. gr. 62,5.

1143   1618. Les églises de **Bamberg** et de **Würzburg** réunies sous l'évêque **Johann Godfried von Aschhausen**. Avers. Vue des deux églises, au dessus desquelles B (Bamberg) et W (Würzburg) Revers: Les deux saints S . HENRICVS . 1024. S . KILIANVS . 688 et à l'exergue 1 . 6 . 1 . 8. Ar. gr. 12. b.c. Rare.

1144   1620. Jeton de la **Frise**. D. 3772. Y joint deux jetons sur la prise de **Ternate** en 1616. D. 3722 et trois jetons sur la prise de **Bois-le-Duc** et la délivrance **d'Amersfoort**. D. 3581 et 82. Ae. 6 ps. t.b.c.

1145   1622. Jeton de la **Gueldre**. D. 3796. Ae. b.c.

1146   1625. Mariage de **Charles II d'Angleterre** et **d'Henriette Marie** Leurs bustes opposés. CA . MAG . ET . HEN . MA . BRIT . REX . ET . REG. Rev. Cupidon marchant à dr. répandant des roses et des fleurs de lis FVNDIT . AMOR . LILIA . MIXTA . ROSIS . — . 1625. - - Joli et beau jeton en arg. compz. Franks I p. 238 n. 1. Rare.

1147   1626. Erection de l'Amirauté de **Dunkerque.** D. 3826. Défaite du Comte de Stirum D. 3827. Jeton. de **Bruges** D. 3954. 3 ps. Ae. t.b.c

1148   1629. Victoires du prince **Frédéric Henri** au **Brésil** et dans les **Pays-Bas.** Buste du prince en médaillon. Sous le buste, vue de **Bois-le-Duc.** Rev. La Prudence et la Force tiennent quatre médaillons avec vues des villes prises: **Grol. Wesel, Pernambuco** et de l'action dans la baie de **Matanzas.** v. Loon 190—193 n. 1. Ar. gr. 68. Superbe et fort rare.

1149   1631. Concile tenu par l'Electeur **Johan George** à **Leipzick.** Belle médaille par *Dadler*, avec vue de la ville LIPSIA. Mm. 50. Ar. gr. 35. Superbe.

1150   (1632.) **Gustave Adolphe** et **Marie Eléonore.** Méd. au buste du roi à dr. GVSTAVI . ADOL . -- II D . G . SWE . GOT . — WAND . REX. Revers, buste diadémé de la reine à g. MARIA . ELEO- NORA -- . D G . SWEGO . GOTOR . — WAND . REG. Cat. Schultze 219. Ar. gr. 19. Belle et rare.

1151   (S. d.) Jeton gravé et niëllé par *Simon de Pas* aux bustes de **Gustave Adolphe** et de **Marie Eléonore.** ✠ GVST . ADOLP .D. G . SVEC . GOT . WAND . REX . M . P . F . D . E . ET . C . I . DO . Buste lauré et cuirassé à dr. Rev. MARIA . ELEO- NORA . SVEC . GOT . VAN . REG . M . PFDEETCID. Buste couronné et drapé à g. Ar. Beau et fort rare.

1152   1632. Mort de **Gustave Adolphe** roi de **Suède.** Son buste de face dans un cartouche orné signé S—D (Seb. Dadler) GUST. ADOLPH , D . G . SUEC : GOT : VAD : R . M : PRIC . FIN : DUX ETHO : ET CAREL : IGRIA : D. Rev. Une main tenant une épée ornée d'une couronne de laurier, et d'une branche de palme et de laurier. NATVS 9 DEC : ANNO 1594 GLORIOSE MORTUUS 6 NOU : ANO 1632. Mm. 44. Ar. Belle.

1153   1633. Retour de **Charles I** à **Londres.** Le roi à cheval, Rev. Vue de Londres du côté de la Tamise. Franks n. 62. Ar. belle et rare.

1154   1636. Promotion au bonnet à l'académie **d'Utrecht.** v. L. II. éd. holl. 235, éd. fr. 230 n. 2. Mm. 35. Ar. gr. 19,5. Belle médaille.

1155   1639. Destruction de la flotte espagnole par l'Amiral **Marten Harpertz. Tromp** dans le combat naval des **Dunes.** Superbe médaille par Looff. I . LOOFF FE. Toute autre gravure que van Loon II. $\frac{245}{252}$ n. 2 et de Franks I $\frac{285}{96}$ Ar. gr. 57. Superbe. Inédite et fort rare.

1156   1641. Mariage de **Guillaume** (II) de **Nassau-Orange** et de **Marie** princesse **d'Angleterre.** Belle médaille par *Blum.* v. Loon II. 258—251 n. 1. Franks n. 100. Ar. gr. 100. Rare.

1157   — Même sujet BELLONAM PRINCEPS PALLAS PE- DIBVS. etc. v. Loon II. 258—251 n. 2. Manque à Franks. Ar. Belle et fort rare.

1158   1648. Paix de **Westphalie** (ou de **Munster**). Var. de v. L. II, 312—301. n. 2 avec MONASTERY . WESTPH. dans la légende du revers. Ar. gr. 37. Belle.

1159   1648. Même sujet. Sept vierges, tenant les armoiries des sept provinces unies, dansent en rond autour du chapeau de la liberté, sur lequel on lit PAX . ET LIBERT . FOED BELGAR. Signé *Borh(orn) inven. S. D(adler) F(ecit)*. v. L. II éd. holl. 315 éd. fr. 304 n. 2. Ar. gr. 68. Belle et extrêmement rare.

1160   1650. Méd. de l'amirauté de **Westfrise** offerte aux Capitaines des vaisseaux retournant des Indes, qui se sont distingués. Mm. 32. Or. gr. 14 (4 Ducats). Belle.

1161   1653. Revers de la médaille sur la mort de l'amiral **Tromp** avec le navire coulant; van Loon II 376 – 354 n. 3. Cuivre jaune. Belle pièce.

1162   1654. Superbe médaille repoussée par *van Abeele,* au buste du jeune prince **Guillaume III de Nassau-Orange** de face, WILHELMVS III D . G — PRINC . ARAVS . ETC. 1654 dans le champ PVA (en monogr.) F. Rev. Le jeune Prince recevant des leçons de Minerve TIME DEVM et PV en monogr. AB.F v. Loon II éd. holl. 388 éd. fr. 376.1. Avers de Franks I p. 417 n. 55. Ar. Superbe et rare.

1163   (1654). Mariage de **Charles Gustave** roi de **Suède** et de **Hedwig Eléonore**. Buste casqué du roi à dr. CAROLVS . GVSTA . D . G . SVE . GOT . WAN . REX. Rev. Buste diadémé de la reine à g. HEDWIG . ELEONORA . DEI . GRATIA . REGINA . SVEC. Superbe médaille par Meybusch. Mm. 50. Ar. gr. 66. Rare.

1164   1657. Election de **Guillaume III de Nassau-Orange** Stadhouder de l'**Overijssel**. Buste enfantin à dr. WILHELMVS III D . G . PRINC . AVRAI . E^C. Rev. Légende en 8 lignes. v. Loon II, 423—409 n. 2. Mm. 47. Ar. Superbe. Rare.

1165   1669. **Charles XI de Suède** reçoit l'ordre de la jarretière. Superbe méd. avec St. George à cheval, regardant de face. Brenner Car. XI Tab. II Franks I p. 544 n. 198. Ar. Belle.

1166   — Même médaille, sans date. St. George à cheval, vue de profil, avec le relief plus fort manque à Brenner. Franks n. 199. Ar. t.b.c.

1167   1660. Mort de **Charles Gustaphe** roi de **Suède**. Le roi debout, avec chapeau, se reposant sur son bâton de maréchal, armé d'une épée, devant la ville de **Gothebourg**. CAROLVS GVSTAV. — REX OBIIT 1660 dans un demi cercle sur un ruban.
   Médaillon uniface, inédit et fort intéressant. Quoique ce médaillon n'est pas signé, il est sans doute l'oeuvre de Peter van Abeele. Mm. 54/65 Ar. gr. 25. Voir la gravure.

1168   — Même sujet. Dextre tenant une épée en pal menacée par six autres. INDOMITVS PRO . PACE . QVIEVI. Brenner Tab. V n. 2. Ar. Belle.

1169   1660. Embarquement de **Charles II** à **Schéveningue**. Belle médaille à son buste en haut relief. van Loon II $\frac{481}{462}$ n. 2. Franks. n. 44. Br.

1170   — Couronnement de **Charles XI** roi de **Suède**. Son buste lauré à dr. CAROLVS . XI — D : G : REX . SVE: Rev. Les bustes superposés à dr. de ses parents. C . GVS . REX . — HED : ELEONO : REG : Ar. Gr. 45. Belle et rare.

1171   1662. Mariage de **Charles II** roi d'Angleterre avec **Cathérine de Braganza**. Buste de **Charles** à dr. CAROLVS . II . DEI . G . MAG . BRI . FRAN . ET . HIB . REX. Rev. Buste de Cathérine à dr. CATHERINA . D . G . MAG . BRI . FRAN . ET . HIBER . REGINA. var. de Franks n. 95. v. Loon II 471--490 n. 1. Ar. gr. 43. Superbe.

1172   (1662). **Cathérine de Braganza** reine d Angleterre. Son buste à dr. CATHARINA . D . G . MAG . BRI . FRAN . ET . HIBER . REGINA. Rev. La Ste. Cathérine PIETATE INSIGNIS. Franks p. 490 n. 112. Ar. Mm. 43. Rare. Belle.

1173   1662. Alliance entre la France, l'Angleterre et les Pays-Bas. Jeton fr. à *Utrecht* v. L. II, 497—477 n. 2. D. 4185. Ar. Beau.

1174   Même jeton. D. 4289. Ae. t.b.c.

1175   1663. Médaille obituaire, ovale. Dans un cartouche tenu de deux morts et surmonté d'un enfant faisant des bulles de savon **Nicolaes Meuleman Obijt** $\frac{11}{15}$ *Ao. 1663*. Dessous: **Gedenkt te sterven**. Le revers gravé avec des emblêmes de la mort au-dessus d'un crâne: **Christus is mijn Leven, Sterven is mijn Gewin**. Mm. $^{58}/_{66}$ Ar. gr. 25. Inédite. *Voir la gravure.*

1176   1666 Combat naval de quatre jours. Victoire de **de Ruijter** sur **Monk** et le Prince **Robert**. Médaille **d'Amsterdam**. v. Loon II 524—546 n. 3. Franks 166. Ar. gr. 27.5. Belle et rare.

1177   1666. **Suède**. Médaille au buste lauré de **Charles XI**. CAR . XI . D . G . SVE : — GOTH : VAN : REX . Rev. Le roi à genoux à dr. SED ET HÆC . QVÆ . NON POST VI : (le nom de Jehova) DEDE TIBI 3. REG. à l'exergue 1666. Comparez Brenner p. 211 n. 1. Ar. gr. 18. Mm. 32. Belle.

1178   1667. Paix de **Bréda** et alliance entre **l'Angleterre** et la **Hollande**. Un vaisseau hollandais à côté d'un vaisseau anglais. Belle méd. par *C. Adolfszoon (Adolphi)*. v. Loon II 559—538 n. 4. Franks I p. 534 n. 148. Mm. 44. Ar. gr. 29.5. Belle.

1179   1668. Paix **d'Aix-la-Chapelle** et traité conclu avec **l'Angleterre** et la **Suède**. Belle médaille. v. Loon III p. $\frac{22}{24}$. Ar. gr. 80. Superbe. Rare.

1180   1672. Médaille du prince **Guillaume III**. Six portraits en médaillon de **Guillaume III**, du **Taciturne**, **Philippe Guillaume**, **Maurice**, **Frédéric Henri**, et de **Guillaume II**. Au milieu, deux mains jointes tenant les sept flèches. Revers, la Renommée embouchant sa trompette sur une banderolle *Lang Leven de Princen van Orangie* Compz. pour le revers v. L. $\frac{51.3}{47.3}$ Ar. Mm. 87, gr. 92,5.

Très-belle pièce, fort rare, manque à Van Loon. Chevalier pag. 52. Cab. Völcker n. 832 Dirks Penn. Rep. n. 1552 travaillée au repoussée.

1181 (1672). Méd. sans date et sans légendes au buste de face à longue che-
velure de **Guillaume III**, travaillée fort en relief. Rev. Le Prince à cheval
à dr. dans le lontain l'Etang et le Palais de la Haye. Méd. inédite et
fort rare ; le rev. comme v. Loon III $\frac{51}{47}$ n. 2, mais sans légende. Br.
Mm. 60 Belle. *Voir la gravure.*

1182 1672. Mort tragique des Frères **de Witt**. Leurs bustes accolés. Rev.
Twee Witten, eensgezint, etc. v. L. III 87—81 n. 3. Ar. gr. 47.
Superbe.

1183 1672. Siége de **Groningue**. Revers : Prise de *Coevorden.* Variété
de v. L. III 110—104 n. 1 avec GRO . IS BELE . DOOR . DE
BIS . V . CVE . E . MVN . D . 9 . IV . VE . D . 17 . AV 1672 ;
dans le champ. *Coevorden met stormerhandt ingenomen den 26
decemb.* et toute autre gravure. Mm. 53. Ar. gr. 32,5. Belle.

1184 1676. Mort de **Gijsbert Voetius**, professeur en théologie, membre
de la Synode de Dordrecht. Son buste à dr. v. Loon II, 106. Ar.
gr. 24,5. Belle et rare.

1185 s.d. Médaille carrée au buste de **Christian V** roi de **Danemarc** dans
une couronne, accosté de trois lions et en haut, le nom de Jéhova
en hébreu. Rev. Eléphant, avec la monogr. couronnée du roi, signée
G . K. Mm. 38. Ar. gr. 13. Belle. Rare.

1186 1676. Conquête de **Göthland**. Buste du roi **Christian V** de **Dane-
marc** entouré d'un trophée d'armes. Rev AD DOMINVM PA-
TRIAMQVE REDIT. L'agneau. v. Loon III éd. fr. 189. éd. holl.
200 n. 1. Ar. gr. 41. t.b.c Rare.

1186*a* 1676. Médaillon obituaire de *Henricus Lampe, obiit die XXII
Junii* MDCLXXVI. *Memento Mori.* Au droit, des attributs de la
mort avec *Den dach des doot is beter als den Dach der ge-
boorte.* Ar. gr. 62.5 t.b.c.

1187 1677. Médaillon obituaire de **Wallerand Vaillant**. Au droit, des
attributs de la mort avec *Den dach des Doots Is beter als den
Dach der geboorte.* et au revers

De dood die trof Vaillant.
Schoon dat hij zelf het leven
Voor konst penceel en hand
Wist gen't Penneel te geven,
Zoo siet men dat haer pijl
Die roem nog deugd wil sparen
Ons rooft in aller ijl,
De eer der konstenaren
Wallerand Vaillant
geboren den 30 maij 1623
gestorven 28 aug. 1677.

Mm. 55 62. Ar. gr. 54,5. Belle. Fort rare. *Voir la gravure.*

Wallerant Vaillant né à Lille, mort à Amsterdam, élève du célèbre
Erasmus Quellinus, fut peintre à la cour de Guillaume Friso Stadthonder de
la Frise. Voir van der Aa, Bibliographisch woordenboek, qui mentionne aussi
cette medaille sur sa mort.

1188   (1677). Médaille au buste cuirassé du prince **Guillaume III** à longue
chevelure WILHELMVS III . D . G . PRINC . AVRAICÆ
COM . NASS . E^C. Rev. Ses armoiries couronnées, entourées de
la jarretière. Par. *F. N.* (en monogr.). Franks I p. 570 n. 238.
Extrêmement rare et inédite en argent. Revers de v. Loon III 51—
47 n. 2. Ar. Mm. 62. gr. 53.

1188*a*   1683. Délivrance de **Vienne** en 1529 par **Ferdinand I** sur le Sul-
tan **Soliman** et en 1683 par **Léopold I** sur **Mohamed**. Buste cou-
ronné de **Ferdinand**. Rev. Buste lauré de **Léopold**. Ar. gr. 15.5 b.c.

1188*b*   1686. Prise **d'Ofen** par **Léopold I**. L'empereur dans un char de
triomphe suivi de Turcs. Rev. Vue de la ville entourée de l'armée
autrichienne. Ar. t.b.c. mais avec un très petit trou.

1189   1686. Médaille du collége des Quarants de la ville **d'Embden**.
Ecusson de la ville entouré d'une double légende PENNING
·:· DER ·:· VEERTIGEN ·:· DER ·:· STADT ·:· EMBDEN—
EENDRACHT ·:· HEFT ·:· MACHT. Revers. Deux mains jointes
tenant un sceptre. IOHANNES ·:· DE ·:· POTTERE ·:· DOCT
et ANNO * 1709 * DEN * 3 DECEM ? gravée. Mm. 38. Ar. gr.
26. t.b.c. Rare.

1190   1687. **Michael Molinos** Chef des Quiétistes condamné par l'Inqui-
sition à abjurer ses erreurs. Buste de Molinos à dr. MICH . MO-
LINOS . HISP . QVIETIST . ANTESIGNANVS . INQ . VINC .
CONDEMNATVS . ROM . III SEP . 1687. Rev. Molinos dans son
prison TAMEN ET ADHVC QVIETVS. Mm. 54. Ar. gr. 66. Belle
médaille, rare.

1191   1688. Invitation à **Guillaume III** de venir en **Angleterre**. Bustes
accolés de **Guillaume III** et de **Marie** à dr. ATAVUM PRO
LIBERTATE FIDEQVE à l'exergue M . WILH . HENR . ET
MARIA etc. Rev. La Religion debout. Franks p. 634 n. 58. v.
Loon III éd. fr. 348. éd. holl. 373. Ar. gr. 94. Belle médaille
et rare.

1192   1688. Jeton de **Louis Gonzague** duc de **Nevers** et de **Henrique de
Clèves**. Ar. t.b.c. Rare.

1193   1689. Arrivée de **James II d'Angleterre** en **France**. Son buste à g.
IACOBVS II . D . G . BRITANNIARVM IMPERATOR. Rev.
MAGNIS INTER DUM PARVA NOLENT . — REGNO ABDICATO
INGALLIAM APPULIT . — 4 IAN . 1689. Le nid de l'aigle
mis en feu par le renard. Médaille satirique par Smeltzing. Franks
I p. 652 n. 7. v. Loon II 371—397. Mm. 60. Etain. Belle et rare.

1194   1689. Couronnement de **Guillaume III** et de **Marie**. Fêtes à Amster-
dam. **Guillaume** et **Marie** couronnés assis de face. GVILHELMVS
ET MARIA . REX . ET . REGINA — CORON . APR $\frac{11}{21}$ 1689.

Rev. Le capitaine, le Lieutenant et l'Enseigne des gardes civiques
d'Amsterdam debout, en haut les armoiries de la ville. TER .
GEDAGTNIS . DAT . OP . DE . DAGH . DER . KRONING .
DE WACHT . HAD . D . COMP . VAN . D . H . B . MVTKENS.
Mm. 60. Superbe médaille travaillée en haut relief, v. Loon III,
éd. fr. 390. éd. holl. 419. Franks p. 678 n. 54. Ar. Fort rare.

1195 1689. Même sujet. Buste de **Guillaume III** à dr. GULI . III . D . G .
M . BRIT . FRAN . ET . HIB . REX . F . D . P . A . Rev. Buste
de **Marie** à g. MARIA . D . G . M . BRIT . FRAN . ET . HIB .
REG . F . D . P . A. v. Loon III éd. fr. 424. éd. holl. 395 n 1.
Franks I $\frac{680}{70}$ Mm. 50. Ar. gr. 56. De toute beauté et fort rare.

1196 — Même sujet. Bustes accolés du roi et de la reine à dr par I. S.
(Smeltzing) GULIELM . R . MARIA . REGINA F D P A. Rev.
NON PATITUR SUPPOSITITIOS. Variété de van Loon III.
$\frac{407}{379}$ n. 4 aux bustes de **Guillaume** et de **Marie** non drapés.
Franks I $\frac{664}{24}$ Ar. gr. 26. Belle.

1197 1689. Couronnement de **Guillaume III** et de **Marie d'Angleterre.**
Leurs bustes accolés à dr. Rev. Armoiries couronnées entourées
de 7 écussons. v. Loon éd. fr. 383 éd. holl. 412. 5. Franks 47.
Ar. Belle. Rare.

1198 1689. Même sujet. HANC TUEMUR HAC NITIMUR. v. L. III.
418—389. Ar. Belle.

1199 — Fêtes à **Rotterdam** à l'occasion du couronnement de **Guillaume III.**
v. L. III 420—391. Ar. gr. 9. t.b.c.

1200 1691. Entrée triomphale de **Guillaume III** à **la Haye.** Arc de triomphe
HIC HEROUM HONOS et à l'exergue P . F . I . GULIELMO .
III . TRIUMP . P . P . GUB etc. v Loon éd. fr. IV. 33. éd. holl.
III. 522. 3. Franks II n 174. Ar. Superbe. Rare.

1201 1691. Pacification **d'Irlande.** Buste lauré et drapé de **Guillaume III**
à dr. Rev. HIBERNIA RESTITVTA ; à l'ex : MDCXCI. et sur la
tranche ARMIS IVNGIT etc. Var. de Franks II p. 38. n. 219.
Comp. v. Loon III. 500 IV. 12. Ar. gr. 29,5. Belle et rare.

1202 1691. Capitulation de **Mons.** Buste de **Louis XIV** à dr. par J.
Mauger. Rev. MONTES HANN . EXPVG . M . DC . LXXXXI.
et à l'entour TOTA . EVROPA . SPECTANTE . ET . ADVER-
SANTE et avec cercle intérieure. Franks 189. v. Loon III 535—
IV. n. 45 n. 2. Mm. 41. Br. t.b.c.

1203 — Même pièce, variété, sans cercle intérieure au revers et autre
gravure. Mm. 41 Br. t.b.c.

1204 1692. Prise de **Namur.** Buste de **Louis XIV** roi de **France** à g.
par *Mauger.* LVDOVICVS * MAGNVS REX * CHRISTIANIS-
SIMVS * . Rev. La Victoire sur un piedestal, à ses pieds les
Fleuves MOSA (La Meuse) et SABIS (La Sambre) à ses côtés des
drapeaux; sur le piedestal on lit LVDOVICVS MAGNVS — NAMVRC.
VRBEM — ET . ARCES . XXX . DIE — OBSID . CAEPIT —
SVB OCVLIS HISPAN — ANGL . GERM . BATAV. — CENT
VM . MILL . — M . DC . XCII. Franks II p. 68 n. 274. v. Loon.
IV. éd. fr. 88 éd. holl. 25 n. 3. Mm. 72. Ar. Gr. 181. Superbe.
Extrêmement rare.

1205 1692. Combat naval de **Cap la Hogue.** Destruction de la flotte
française par les flottes anglo-hollandaises. DELETA AC INCENSA —

GALLORUM CLASSE . — MDCXCII . P . H . M . Superbe médaille par P. H. Müller. Franks 251. v. Loon IV. 86—98 n. 3. Ar. avec inscription sur tranche.

1206   1696. **Henri Casimir** prince de **Nassau** Stadthouder de la **Frise.** Superbe médaille en or de la Diète de la Frise. Buste du prince à dr. Rev. Ses armoiries entourées des écussons aux armoiries des 11 villes de la Frise et de la légende INSIG : PR . NASS . ET VRB . FRIS . v. Loon IV éd. fr. 229. éd. holl. 169. Or. gr. 23.5. Superbe et fort rare.

1207   1696. Troubles à Amsterdam, y joint; deux méreaux de Leyde et un jeton en cuivre du Duke of York and Albany de 1827. Ar. gr. 40. 3 pièces.

1208   1696. Troubles à **Amsterdam** à l'occasion d'un nouveau réglement sur les funérailles. Méd. offerte aux gardes civiques et aux volontaires. v. L. IV. 161—221 n. 3. Ar. gr. 26, 5. Belle.

1209   1697. Paix de **Ryswick.** Superbe médaille au buste cuirassé et lauré de **Guillaume III** à dr. GVLIELMVS . III . DEI . GRA : MAG : BR : FRA : ET : HIB : REX : Rev. La Britannia assise, tenant son trident et son bouclier RESTITVTORI et à l'exergue BRITANNIA MDCXCVII. Franks II p. 192 n. 499. v. Loon IV. 250—192 n. 1. Mm. 69. Ar. Gr. 103. Superbe médaille par Croker. Rare.
Exemplaire de la collection Völcker vendu fl. 52.— sans les frais.

1210   1697. Paix de **Ryswick.** Vue du temple de Janus. Rev. Le palais de Ryswick entouré des écusson de **l'Empire, d'Espagne,** de **Brandebourg,** de **Pfaltz,** de **Saxe,** de **Bavière, d'Angleterre,** de **Suède,** des Provinces Unies des **Pays-Bas,** de **Lorraine,** de **Savoie** et de **France.** Franks 453. v. Loon IV. 273—215 n. 12. Ar. gr. 45,4. Superbe.

1211   1697. Paix de Rijswijck. Méd. de la ville de Muiden. v. L. IV. 190—248. n. 2 (2 ps. var.) 1717. 2me Jubilé de la Réformation de M. Luther. v. L. suite n. 20 et 21. 1745. Position périlleuse des Pays-Bas. v. L. suite pl. XXI n. 197. 1746. Le nouvel an; espoir de paix, par N. v. Swinderen. v. L. suite pl. XXVI. n. 261. Six petites médailles en argent. t.b.c.

1212   1700. **Utrecht.** Méd. obituaire de **Catharina Andries** *geboren 22 Febr. 1652. Gestorven 12 jan. 1700 tot Utrecht.* Méd. gravée. Mm. 55 Ar. t.b.c.

1213   1704. Départ de **Charles III d'Espagne** pour le **Portugal.** Superbe méd. par *Boskam*: au buste lauré à dr. Rev. La flotte anglo-batave LIBERATOR . ET . ULTOR. v. Loon IV éd. holl 354 éd. fr. 406 n. 2. Franks II p. 251 n. 42. Frappé sur flan épais. Ar. gr. 44. Belle et rare.

1214   1704. **Ludwig Wilhelm von Baden,** commandant des troupes impériales secourant le duc de Marlborough, attaquant Schellenberg. Son buste cuirassé à dr. van Loon IV. éd. fr. 418. éd. holl. 367. Franks. p. 252 n. 45. Ar. Rare.

1215   1706. Délivrance de **Barcelone** par les alliés. v. L. IV. 442 — V.
22. n 6. D. 4735. Ae. b.c.

1216   1706. Victoires des **Alliés** dans les Pays-Bas méridionaux sur
Louis XIV. La victoire tenant une couronne et une palme XII .
VRBES CVM PRO —VINCIIS INTRA XV—D . RECEPTÆ . 1706
à l'entour douze boucliers aux noms des villes. v. Loon V, 39,
IV 460 n. 2. Franks n. 96. Avec inscription sur tranche. Ar.
Belle et rare.

1217   1708. Noces d'argent de **David Sandra** et de **Maria Hendrika
Ramskrammer** * DAVID SANDRA KIES—HEER V MIDDEL-
BURG EN MARIA HENDRIKS RAMSKRAMMER. Réprésentation
allégorique et leurs armoiries sur un autel. Revers. légende en
10 lignes. Dirks Penningk. Repertorium n. 2897. Ar. gr. 29.5. Mm.
45. Belle et Rare.

1218   s.d. **Vienne**. Médaille (*Salvatorpfennig*) au buste du Christ. à g.
* SALVATOR * MUNDI : Rev. Vue de la ville de **Vienne** SVB
VMBRA ALARV TVARV, au dessous deux écussons, entre eux
dans un cartouche MUNUS : RP : VIENNENS. Ar. gr. 26.5.
Mm. 42. t.b.c.

1219   1713. Jeton au buste de **Louis XIV**, des parties casuelles. Rev.
Une phare près d'un port de mer sur lequel se dirigent plusieurs
navires HIC SECVRA QVIES. Ar. Beau.

1220   1713. Paix **d'Utrecht**. Le Temple de Janus fermé EVROPÆ PAX .
REDDITÆ. Rev. Europe assise. v. L. V, 227, IV. 657 n. 2 Franks
$\frac{402}{262}$. Superbe et fort rare.

1221   — Même sujet. Petite méd. inédite. *Kehr mich um, so kanstu
Sehen was hinkunftig wird geschehen*. Rev. DA VVIrD sICh
ALLERERST DIE noth anheben. *Matth. 24*. V. S. Br. Belle.

1222   1714. Jeton de la ville de **Tournai**. v. L. IV, 679. V 247. D. 4821.
Ar. Beau.

1223   1714. *Jeton* en or. Paix de **Rastadt**. Buste de **Charles VI** à dr.
CAROL . VI . D . G . ROM . IMP . S . A . G . H . H . & B Rx.
Rev. POST BELLVM BELLARIA PALIS et à l'exergue. PAX
RASTAD . — 1714. Un ange répandant des fleurs. Dugniolle n.
4818. v. Loon IV 676. V. 242 n. 2. **Or**. gr. 7. Belle et rare.

1224   — **Suède**. Retour du roi **Charles XII**. Le roi à cheval, à l'ex.
1714. Rev. *Was sorget ihr doch. Gott und ich leben ja noch*.
en 6 lignes. Mm. 31. Ar. Beau et rare.

1225   1714. Couronnement de **George Ludwig** comme roi d'Angle-
terre par *Vestner*. Revers. St. George terrassant le dragon. Franks
II p. 425 n. 12. Ar. gr. 25. 5. t.b.c. Fort. rare.

1226   1715. **Charles XII** roi de **Suède**. Son buste à dr. Rev. PER VARIOS
CASVS PER TOT DISCRIMINA REGNIS. A. l'ex . YDSTÆD. 26 Dec.
Belle et rare. Ar. Mm. 44. gr. 27.

1227   1717. Deuxième jubilé de la réformation de **Marth. Luther**. Belle.
médaille au buste de Luther. Mm. 43. Ar. gr. 29.

1228   1717. Même sujet. Par *de Wijs*. v. L. suite n. 19. Ar. gr. 42. 5. Belle.

1229   1722. Jeton de **Louis Gonzague**, duc de **Nevers** et de **Henrette de Clèves**. Ar. t.b.c. Rare.

1230   1723. La Monnaie de Gueldre à **Harderwijk** conservée. Pièce de deux florins. v. L. suite n. 43. Ar. gr. 20. Belle.

1231   1727. Couronnement de la reine **Caroline** d'Angleterre. Par. *I. C(rocker)*. Ar. gr. 18. 5. Belle.

1232   — Couronnement de **George II** d'Angleterre. Son buste à g. par *I. C(rocker)*. Ar. gr. 17.5. Belle.

1233   1728. Noces d'or de **Dirck Wuytiers. Hr. van de Werve** et de **Johanna d'Overschie. V^w van de Werve**. Méd. aux armoiries. Ar. gr. 37. Belle.

1234   1730. Deuxième fête séculaire de la **Confession d'Augsbourg.** Buste de Luther entouré des écussons de ses défenseurs à la Diète. Par. *M. Holtzhey.* v. L. suite I pl. V n. 54. Ar. gr. 82. Belle.

1235   1732. Les émigrants protestants de **Salzbourg.** Belle médaille par *M. Holtzhey.* v. L. suppl. pl. VI. 60. Ar. gr. 44, 5. Belle.

1236   1732. Réception des émigrants *Salzburgeois* en **Prusse.** Belle médaille boîte avec 17 belles réprésentations imprimées en couleur par *Daniel Hockhinger.* Rev. *Gehe aus deinem Lande und von deiner Freindschafft. Act. 7. V. 3.* Rev. *Zeuch in ein Land das ich dir Zeigen will. Act. 7. V. 3.* Ar. gr. 24.

1237   — Départ des émigrants de **Salzbourg.** Le Christ portant la croix avec *Sequere me.* entouré des émigrants, dont un à cheval et un autre en voiture de charge. Rev. **Luther** et **Melanchton** et le duc et l'électeur de **Saxe** près d'un autel, sur lequel les armoiries de Saxe électorat et duché. Médaille comme boîte avec 24 réprésentations imprimées en couleur, signées A. Reinshart. Ar. Superbe. Fort rare

1238   1734. Mariage de **Guillaume** (IV) prince de **Nassau-Orange** avec la princesse **Anne d'Angleterre.** Leurs bustes opposés. Rev. L'Hymne tenant une torche et les armoiries de Nassau et d'Angleterre. Superbe médaille par *Holtzhey.* Franks II p. 506 n. 53. v. Loon. Suppl. n. 82. Mm. 58. Ar. Fort rare. Belle.

1239   — Même médaille en étain. Rare. t.b.c.

1240   1734. Mariage de **Guillaume IV** et d'**Anne d'Angleterre.** Leurs bustes opposés. Méd. par M. Holtzhey. v. L. suite pl. IX n. 90. Ar. gr. 30. Belle.

1241   1736. Jubilé de l'Université d'**Utrecht.** Par *J. Drap (entier)* v. L. suite n. 104. Ar. gr. 82,5. Belle.

1242   — Même sujet. v. L. suite pl. XI n. 106. Ar. gr. 15. Belle.

1243   1740. Jubilé (3me) de l'invention de la typographie à **Harlem.** Buste de **L. Iz. Koster.** Rev. Une femme tient les armoiries des Bourgmestres de Harlem : P. van der Camer, J. van Dijck, A. van Styrum et C. A. van Sypesteyn; du Sécrétaire Dammas Guldewagen et des Pensionnaires J. Gilles et C. Gerlingus. Par. *N. van Swinderen.* v. L. Suite pl. XVI. n. 146. Ar. gr. 30. Belle.

1244   (1740.) **François** duc de **Lorraine** etc. élu corrégent des **Pays-Bas autrichiens.** Belle médaille ovale. v. Loon Suppl. IV. 156. Mm. 42/48. Etain. Rare.

1245 1743. Mariage à **Copenhague** de **Frédéric** prince de **Danemarc** et de la princesse **Louis d'Angleterre**. L'Hymne et l'Abondance tenant une couronne de myrthes avec les armoiries de **Danemarc, Angleterre et Hanovre** à l'ex. RENOVATA ANNO MDCCXLIII . XI . DEC. Rev. REGALES MVLTIPLICATI NEXVS. Dans une couronne de myrthes FRIDER . D . N . PR . HER . LOVISA . BRIT . 1743, entourée de 8 pareilles couronnes aux lég. ayant rapport aux mariages conclus entre ces deux familles. Franks n. 219. Mm. 64. Ar, gr. 105. Belle et fort rare méd. de *C. W. Wahl*.

1246 1743. Inspection de la Monnaie à **Harderwijk**. v. L. Suite pl. XIX n 179. Ar. gr. 18. Belle.

1247 1746. Bataille de **Culloden**. Buste du duc de **Cumberland** à. dr GULIELMUS . GEOR . II . R . FIL DUX . CUMBRIÆ. Rev. Le duc foulant de ses pieds la Discorde et relevant la Britannia. PERDVELLIB . EX . ANG . FVGAT . AD CULLOD . DEBELLAT 16 APR 1746. Franks 278. Mm. 50. Ar. gr. 51. Belle médaille. Rare.

1248 1746. Réouverture pour dix ans de la Monnaie de West-Frise à **Medemblik**. v. L. pl. XXIII n. 220. Ar. gr. 46,5. Belle.

1249 — Médaille au buste du pape **Bénoit XIV** par *Hameranus*. Rev. UNIVIT PALMAMQVE DEDIT. Ar. gr. 33. Belle.

1250 1747. Rupture du Traité de **Barrière** par la France. Ar. gr. 7,5. Belle petite medaille. v. L. Suite n. 421.

1251 1747. Inauguration du prince **Guillaume IV**. Méd. coulée portative, buste cuirassé et drapé du prince à dr. W . C . H . F . PRINCEPS . AVR . ET NASS: dessous sur un ruban VIVAT ORANJE. Revers, les armoiries du prince entourées du Ruban de la Jarretière surmontées d'une couronne et tenues de deux lions couronnés; attachée à un ruban sur lequel W . K . H . F . VIVAT ORANJE et une rimée en 10 lignes. *Oranje in 't hart, is 't blijde woord, dat m' uit duizend monden hoort etc. etc.* Ar.

      Pièce fort intéressante et inédite.

1252 — Jeton au buste du **Louis XV** du trésor royal. TERRIS NON SIBI. Ar. Beau.

1253 — **Wilh. Car. Henr. Friso** proclamé **Stadhouder de Zélande :** TERRA — MARIQVE. v. Loon. Supp. 224. Ar. gr. 31. Belle.

1254 1747. Inauguration de **Guillaume IV**, comme **Stadhouder d'Utrecht,** avec VLTRA—IECTI dans le champ. v. L. Supp. 229. Franks II p. 630 n. 319. Méd. portative par N. v. Swinderen. Ar. gr. 20. Belle et rare.

1255 1747. **Guillaume IV** proclamé **Stadhouder**. Buste du prince à g. signé I . D . ET . F. Belle médaille en bronze par *Dassier :* le buste, les légendes et les figures en bronze doré. v. Loon. Suppl. n. 234. Mm. 54. Belle et rare.

1256 1747. **Guillaume IV** proclamé à **Amsterdam**. Médaille inédite par *Kirk*. Buste du prince à g. GUL : CAR : HENRI : FRISO —

PRINC : NASS : ET . AVR : Rev. La ville d'Amsterdam personifiée assise à dr. devant elle le prince debout à g. tenant un gouvernail avec PER ARDVA. Legende DULCE DECUS SALUSQ: POPULI et à l'exergue HOLLANDIÆ -- PROCLAM . GUBERN . 3 MAII . 1747. Compz. Franks II p. 631 n. 320 de Mm. 33. Bronze. Mm. 40. t.b.c. Extrêmement rare, sinon unique.

1257   1747. **Guillaume IV** élu Stadhouder. Méd. au buste à dr. Rev. VIVAT PRINCEPS AVR . MDCCXLVII. Avers de v. L. suite 246 et le rev. comme v. L. n. 241. Mm. 50. Ar. gr. 44. Belle et rare médaille par *Holtzhey*.

1258   1747. Même sujet. 3 ps. en cuivre.

1259   1747. Méd. au buste de **Guillaume IV**, v. L. suite pl. XXIV n. 244. Naisance de **Guillaume V**, petite méd. au buste de ses parents (2 ps.) Trois méd. par *Holtzhey*. Ar. t.b.c.

1260   — Médaille offerte aux Gardes civiques de **Harlem** à l'occasion du passage de Guillaume IV. Par *G. Marshoorn*. v. L. suite pl. XXV, n. 249. Ar. gr. 8.5. Belle.

1261   — Méd. offerte aux Gardes civiques d'**Amsterdam**, Par *J. C. Marmé*. v. L suite pl. XXV, 250, plus petite. Ar. gr. 10. t.b.c.

1262   1747. Méd. inédite sur la mort du Curé **Joannes Erkens** Buste du St. Jean l'Evangéliste à dr. travaillé au repoussé. *Sanctus Joannes Evangelist.* Revers, gravé en 5 lignes. BIDT VOOR D' ZIEL VAN D' SEER EERW : P : IOANNES ERKENS : OBIIT : 2 : OCTOB : 1747 : AMSTELODAMI : Mm. 44/42. Ar. gr. 25.5.

1262*a*   1748. Arrivée du prince **Guillaume IV**, dans la ville. **d'Amterdam** Avers: Buste du prince à dr. v. L. Suite pl. XXV n. 258. Rev. de v. L. suite. pl. XXVI, 273 avec CIVIBVS ADVENTV ET VIGILANTIA PRINCIPIS SERVATIS DIE II . SEPTEMB. MDCCXLVIII. Médaille par *M. Holtzhey*. Ar. gr. 27,5. F.d.c. Rare.

1263   1748. Médaille au buste du pape **Bénoit XIV**. Revers. EGO IVSTITIAS IVDICABO. Ar. gr. 29.5. t.b.c.

1264   1748. Inspection de la Monnaie à **Harderwijk** avec allusion à la naissance de **Guillaume V** et aux préliminaires de la paix. Rev. Une main sortant des nuages tenant une branche d'oranger et d'olivier. IN EODEM ANNO. v. L. suite pl. XXV n. 257. Ar. gr. 20 5. Belle.

1265   1748. Naissance du prince **Guillaume** (V) de **Nassau-Orange**. Buste du nouveau né à dr. GVILIELMVS . D . G . PRINCEPS . ARAVSIÆ . ET . NASSAVIÆ. v. Loon. Suppl. 264. Franks p. 641 n. 337. Superbe médaille par *Nicolas van Swinderen* Mm. 48. Ar. Belle. Fort rare.

1266   --- Même sujet. Bustes accolés de **Guillaume IV** et d'**Anne** à dr. entourés d'une double légende. Rev. Comme le revers de la pièce précédente, par. *v. Swinderen*. Franks 336. v. Loon. Suppl. 263. Ar. Belle et rare.

1267 1748. Jubilé de la paix de **Munster** et de l'Indépendance des **Pays-Bas.** Superbe médaille par *M. Holtzhey.* v. L. Suite pl. XXVI. n. 270. Ar. gr. 78. 5.

1268 1748. Paix **d'Aix-la-Chapelle**. Buste de Louis XV à dr. LUD . XV . REX . CHRISTIANISS. Rev. La Paix assise SALUS GENE — RIS HUMANI et à l'exergue PAX AQVISGRANENSIS - XVIII . OCTOBRIS . — M . DCC . XLVIII. v. Loon Suppl. 322. Franks n. 350. Mm. 41. Ar. Belle et rare.

1269 — Même pièce en bronze. Belle. Rare.

1270 — Même sujet. Méd. au buste lauré à g. de **George II d'Angleterre** par *Kirk.* Rev. PAX . COMMERCII NUTRIX. La Britannia assise, al'ex: PROCLAM . 2 FEB . MDCCXLVIII. Manque à van Loon. Franks II p. 651 n. 354. Ar. Mm. 35, gr. 13,5. Belle et rare.

1271 1750. Médaille sur le 50me anniversaire **d'Anne El. Bloteling.** épouse de **N. v. Swinderen.** Leurs armoiries écartelées 1 et 4 d'arg. à trois fleurs de lis, 2 et 3 d'arg à trois cornets ⁜ ANNA ELISA· BETH BLOTELING — GEBOOREN D . 22 APRIL . 1700 Rev. OP DE VERIAARINGE . | VAN . ANNA . EL : BLOTELING | HUISV : VAN . N . V . SWINDEREN | OM GODES GOED-HEID, DIE U JAAREN | TOT VYFTIG TOE HEEFT UITGE-BREID | LANG I'NT GEHEUGEN TE BEWAAREN | IS DEZE PENNING TOEBEREID : | HY WIL . U . DAGEN VERDER RÈKKE | EN ZYN GENADE-HAND . U . DÈKKE | . GEVI : XXII . APRIL . | MDCCL. Médaille inédite, par *B. van Swinderen.* Ar. gr. 28,5. Superbe et fort rare, si non unique. *Voir la gravure.*

1272 1751. La Princesse **Anne d'Orange** Gouvernante de **la Frise.** Son buste drapé à dr. ANNA . D . G . M B . R . PRINC . AURANT . DOTARIA . GUBN . AC . TUT . Rev. Les armoiries de Nassau entourées de la Jarretière et les armoiries d'Angleterre, surmontées d'une couronne, et entoureés des 11 armoiries des villes de la Frise—Belle méd. par *N. v. Swinderen.* v. Loon suppl. 307. Franks II p. 665 n. 373. **Or.** gr. 27. 5. Belle et fort rare.

1273 1752. Inspection de la Monnaie à Harderwijk, par *M. Holtzhey.* v. L. suite n. 407. Ar. gr. 19.5. Belle.

1274 1752. La Société des Sciences et des Arts, fondée à **Harlem.** Belle médaille. par *J. G. Holtzhey.* v. L. Suite 328. Ar. gr. 70. F.d.c.

1275 Deux médailles du Nouvel-An. de 1745 et 1753. v. L. suite n. 195 et n. 329. Ar. gr. 8 et 16. 2 ps t.b.c.

1276 1757. Inspection de la Monnaie à **Harderwijk** (sous la direction de J. Kramer) *par B. van Swinderen.* v. L. suite n. 340. Ar. gr. 23. Belle,

1277 1766. Le Prince **Guillaume V**, installé Stadhouder. v. L. suite n. 388. 2 ps. variées. Ar. Belles.

1278 -- Petite médaille sur son inauguration comme Margrave de **Flessingue** et de **Vere.** v. L. suite 408. Ar. b.c.

1279 1766. Jeton au buste de **Louis XVI.** Rev. La Justice debout. A l'ex: IUS ET CONSULS DE SENS. **Ar.** t.b.c.

1280 1767. Jeton octogone au buste de **Louis XV** par *Roettiers fils.* Canal de Provence. **Ar.**

1281 S.d. Méd. au buste drapé à g. de **Louise Auguste** duchesse **d'Augustenbourg** LOUISA AUGUSTA HERTUGINDE AF AUGUSTEN-BORG. Rev. Les Trois Graces devant un autel sur lequel ou lit D . 7 IULI, et lég. exter. CHARITERNES ROSER TIL PRYD FOR DIG CYTHERE—LOUISE FOREENE SIG. Belle méd. par Loos. **Ar. gr.** 25.5.

1282 1774. Naissance de **Guillaume George Frédéric,** 2me fils de **Guillaume V**, aux bustes opposés du prince et de la princesse. Par *T. van Berckel.* v. L. suite n. 490. **Ar. gr.** 9.5. Belle.

1283 1774. La nouvelle versification du psautier introduite chez les Réformés. v. L. suite 496. **Ar. gr.** 13. Belle.

1284 1778. Première session de l'„**Oeconomische Tak**", société d'encouragement de l'Industrie, à Harlem. Par *J. G. Holtzhey.* v. L. suite n. 531. **Ar. gr.** 38 5. F.d.c.

1285 1779. 2e fête séculaire de **l'Union d'Utrecht.** Belle méd. par *A. van Baerll.* v. L. suite 538. **Ar. gr.** 12,5. F.d.c.

1286 1780. Le Traité de „*Neutralité armée*" (Russie, Suède, Danemarc). Par *A. van Baerll.* v. L. suite 548. Betts n. 572 et même sujet de 1781. v. L. suite 553. **Ar.** 2 ps.

1287 Traité de commerce des Etats-Unis de **l'Amérique** avec les **Pays-Bas.** FAVSTISSIMO FOEDERE — IVNCTÆ. v. L. suite pl. IV n. 575. Betts n. 604. **Ar.** F.d.c.

1288 — **Autriche. Joseph II.** Visite de **Pie VI** à **Vienne.** Méd. au buste à dr. du pape. Rev. IOSEPHI . II . AVG . VINDOB . HOSPES . A . DIE . XI . KAL . APR . AD . X . KAL . MAI . MDCCLXXXII. **Ar. Mm.** 55, **gr.** 52. Belle.

1288*a* 1759. Le drapeau de la Compagnie des Gardes civiques „*De swarte knegten*" déposé chez *W. W. du Pon.* 1783. Médaille d'honneur de la Société des citoyens armés „*Pro patria et libertate*". Par *de Meyer.* v. Loon. Suppl. 596^b. 1786. La garde civique prête serment au nouveau réglement. v. L. suite. 639^a et 639^b. **Ar. gr.** 41. 4 ps.

1289 1787. Défense héroïque du palais **Soestdijk** par une partie du régiment **Hesse-Darmstadt** sous leur colonel-commandant **F. W. Erpel** et le Major **J. L. Seyffardt.** Médaille en or offerte au colonel et au major pour leurs services rendues. Avers. La Victoire debout tenant une palme et le drapeau de **Hesse-Darmstadt,** au fond Soestdijk. **SOESTDYK manhaftig verdedigd door een DETACHEMENT van 't REGIM. van HESSEN DARMSTAD.** Rev. Les armoiries d'Utrecht, dessous, dans un cartouche. **Erkentenis — der Ed. Mog. HEEREN STAATEN — 's Lands van UTRECHT — aan — de Ed. Gestr. Manh. HEEREN F. W. ERPEL. — COLL. COMM.   en — I. L. SEYFFARDT — MAJOR — wegens hare**

goede directie — en betoonde moed — 26--27 July — 1787.
Superbe médaille. v. Loon. Suppl. n. 692. **Or.** gr. 64.5. De la
plus haute rareté. *Voir la gravure sur laquelle l'oeillet manque.*

De cette médaille seulement deux exemplaires en or sont frappées, pour les
officiers supérieurs **Erpel et Seyffardt**: les officiers subalternes reçurent la
médaille décrite sous van Loon. Suppl. 693.

1290   1787. Médaille portative ovale des Patriotes, au buste du
Bourgmestre **H. Hooft.** Rev. Inscription. v. L. Suite n. 658. **Ar.**
gr. 10.5. Belle.

1291   1788. Médaille d'or au buste de **Louis XVI** à dr. du **Cercle des
Philadelphes au Cap.** LOUIS XVI ROI DE FRANCE ET DE NA-
VARRE 1788 par *Simon G. du Roi.* Rev. Une ruche avec ses
abeilles, en haut un soleil brillant, à l'exergue CERCLE DES
PHILADELPHES — ETABLI AU CAP 1784 et à l'entour EXER-
CET SUB SOLE LABOR. Or. gr. 24. Mm. 32. Fort rare, sinon
unique. Belle. *Voir la gravure.*

1292   1798. Inspection de la Monnaie à **Harderwijk** sous la direction de
M. H. Lohse. v. L. Suite n. 814. Ar. gr. 31. Belle médaille
par *H. Waller.*

1293   — Le Prince **Frédéric de York**, évêque **d'Osnabrück** prends **Valen-
ciennes** Son buste drapé et cuirassé à g. FREDERICUS . DUX .
EBOR : EPISC : OSNABURG. Signé *Whitily F(ecit).* Rev. Le
duc à cheval à la tête de son armée, devant la porte ouverte de
la forteresse reçevant l'épée et les clefs SCELUS IMPAR VIR-
TUTI, à l'ex. VALENTIANA . EXPUGNAT . IUL . XXVIII
MDCCXCIII. Signé *W. W. Inc. F.* Sur la tranche AUGU-
RIUM FELIX . DEUS . ET . PAX . ALMA . SECUNDENT.
Ar. Mm. 40. gr. 27. Belle et fort rare.

1294   1795. Petite médaille au buste à g. de **Louis Second fils de Louis
XVI. Né le 27 Mars 1785** par Loos. Rev. **Redevenu Libre le 8 Juin
1795.** Mm. 30. Ar. Belle.

1295   1796. Ouverture de l'Assemblée nationale à la Haye. Par *B. C.
van Calker.* v. L. suite 837. Ar. gr. 22. t.b.c.

1296   1799. Décès de **Guillaume George Frédéric** prince d'Orange à
Padoue. Son buste presque de face par *Menger.* v. Loon, suite
846. Mm. 47. Br. Belle.

1297   1801. Paix de **Luneville.** Buste de **Bonaparte** Premier Consul.
Par. *Holtzhey.* v. L. suite n. 872. Ar. gr. 26,5. t.b.c.

1298   1803. **Rotterdam.** Noces d'or de **Gilles Groenevelt** et de **Korn. Petr.
de Bok.** v. Loon suite n. 887. Ar. gr. 26,5. Mm. 45. F.d.c.

1299   1807. Explosion d'un vaisseau, chargé de poudre, à **Leyde,** et
jubilé des francs-maçons. Nahuys 32. Médaille ovale. Ar. gr.
28,5. Belle.

1300   1809. King George III, ascended the British throne. Oct. 25 1760.
National Jubilee Oct. 25 1809. Son buste à g. Mm. 51. Etain. Belle.

1301   1809. 25e Anniversaire de la fondation de la Société *„Tot Nut
van 't Algemeen".* Par *H. Lageman.* D. 78. Ar. gr. 7,5. Belle.

1302   1809. Même pièce. 1825 Jubile du 250e anniversaire de la fondation de l'**Université de Leyde** D. 251. Ar. gr. 17. 2 ps.

1303   1810. Inauguration de l'église catholique à **Rijsenburgh** fondée par **P. J. van Oosthuyse et M. de Jongh Seigneur et Dame de Rijsenburgh.** Nahuijs pl. VIII n. 56. Ar. gr. 17. t.b.c.

1304   1813. Mort de **François Hovius à Amsterdam.** Membre du conseil municipal sous Louis Napoléon et l'empereur Napoléon I, Curateur des écoles de pauvres, Régent de l'Hôpital, de la Maison des aliénés et de l'Hospice des Orphelins catholiques. Nahuys pl. XV. n. 103. Ar. Belle.

1305   1814. **Guillaume I,** proclamé Roi des **Pays-Bas à Amsterdam.** Dirks n. 231. **Or.** gr. 9. F.d.c.

1306   1815. **Guillaume I,** couronné à **Bruxelles.** par *Braemt.* D. 61. Ar. gr. 52. 5. F.d.c.

1307   1815. Réunion de la **Hollande** et de la **Belgique.** *par Michaut.* Dirks 38. Mm. 56. Br. t.b.c. 1817. L'Académie des sciences fondée à **Bruxelles.** Par *Braemt.* Dirks 117. Ar. gr. 15,5. Belle.

1308   — Troisième fête séculaire de la réformation. Buste de **Luther** à dr. par. *Loos.* Ar. gr. 14. Beau.

1309   1819. Médaille en honneur de **Joh. C. Gotth. Steinbeck.** STEINBECK . K . PR . O . L . G . PRÄS . SCHLES . O . BERG . A . DIR . D . R . ADL . O . RITT. Son buste à g. par *Loos.* Rev. Dans une couronne en 10 lignes. *Ihm bleibt geweiht die liebe Verehrung und Dankbarkeit aller Oberschlesischen Berg- en Hüttenleute 31 März 1819.* Mm. 67. Br. Belle. Rare.

1310   1820. L'Académie royale des Beaux-Arts fondée à *Amsterdam.* Dirks 156.B. Ar. gr. 34. F.d.c.

1311   1820. Mort de **Ch. Ferdinand duc de Berry.** Son buste à g. par *Gayrard.* Rev. Légende en 8 lignes PUGIONE — PERCUSSUS PERIIT — 14 FÉB . 1820. etc. par *Des Puymaurin.* Ar. gr. 36. Belle.

1312   1820. Naissance du duc de **Bordeaux.** Méd: aux bustes superposés du duc et de la duchesse de **Berry** à dr. par *Gayrard.* Mm. 50. Br. t.b.c.

1313   S. d. **Ehrenpreis zuerkannt vom Glogauer Landwirthschaftlichen Verein.** Au droit l'Abondance assise entre des animaux etc., par *Loos.* Br. Mm. 42. Belle.

1314   1823. Médaille par *Girometti* au buste du pape **Grégoire XVI** à dr. Rev. PACIS ET RELIGIONIS AMOR. Ar. Gr. 33. F.d.c.

1315   1823. 4e Fête séculaire de l'invention de la typographie *par Braemt* Dirks 214. Ar. gr. 29. F.d.c.

1316   — Même sujet. Dirks 215. Ar. gr. 15,5. Belle

1317   1824. Ouverture du Canal de la Hollande Septentrionale. Belle méd. par *Schouberg.* Dirks 233. Br.

1318   1825. Mariage de **Louise Auguste Wilhelmina de Prusse** et du **Prince Frédéric des Pays-Bas.** Mm. 56. Br. Rare.

1319 1825. Médaille de prix de l'exposition d'industrie néerlandaise à *Harlem* **Lijnbaan De Groote Zeevaart Amsterdam Haarlem** 1825. Dirks 267. Ar. Gr. 92. Belle.

1320 — Couronnement de **Charles X** roi de **France** à **Reims**. Belle médaille au buste couronné à dr. par *Gatteaux*. Mm. 51. Br. Belle.

1321 1825. Mariage du prince **Frédéric des Pays-Bas** et de la princesse **Louise de Prusse**. Médaille offerte par les maçons. Dirks 256. Ar. gr. 31. F.d.c.

1322 1826. L'Église luthérienne à **Amsterdam** inaugurée, incendiée en 1822. Dirks 280. Mm. 30. Ar. F.d.c.

1323 — Le Canal de **Hainaut**. Belle méd. par *Braemt* au buste du roi .**Guillaume I** des Pays-Bas. Dirks 283. Ar. gr. 51. F.d.c.

1324 1827. Introduction d'un nouveau recueil de hymnes dans l'église luthérienne. Dirks 291. Ar. gr. 27. F.d.c.

1325 — Ouverture du nouveau chemin en **Luxembourg**. Buste de *Guillaume I* à g par **Grun**. Dirks 288. Mm. 65. Fer. t b.c.

1326 — Canal de **Ter Neuzen** par *Braemt*. Dirks 297. Ar. gr. 42. F.d.c.

1327 1828. Guerre entre la **Russie** et la **Turquie**. Belle médaille au buste d'**Alexandre I**er à dr. par *Loos*. Mm. 38. Ar. gr. 17.5. F.d.c.

1328 1828. Jubilé sémi-séculaire de la Société économique à **Harlem**. Par *J. G. Holtzhey*. Dirks 309. Ar. gr. 36. F.d.c.

1329 1829. Le célèbre *Thomason's Metallic Bronze Vase*, dont faire le module a duré six années. Mm. 53. Br. Belle.

1330 — La Société d'Industrie de **Gand** au Roi Guillaume I, par *Braemt*. Dirks 311. Ar. gr. 27. F.d.c.

1331 1829. **Guillaume I** roi des **Pays-Bas**, arbiter entre l'**Angleterre** et l'**Amérique** du Nord. Son buste de face. Dirk. 310. Br. Belle.

1332 1830. Petite médaille au buste de **de Potter** par *Heyrat*. Dirks 337. Ar. F.d.c. Gloire immortelle aux braves défenseurs de la Belgique. D. 377. Br. F.d.c. 2 ps.

1333 — **Charlier dit la Jambe de bois**. Dirks. 363, par *Jehotte*. Ar. gr. 34. F.d.c.

1334 — Bombardement d'**Anvers** au buste du général **Chassé**. Dirks 336. Ar. Gr. 33. F.d.c.

1335 1830. Conquête d'**Alger** le 5 juillet 1830, sous le général comte de **Bourmont**, par *Caqué*. Mm. 41. Monument à la mémoire des Français morts pour la liberté 27, 28 et 29 Juillet 1830. Mm. 50. 2 ps. Br. t.b.c.

1336 1830. Histoire de la Révolution, de l'Empire, de la Restauration et de la Monarchie de 1830. Belle médaille au buste de **Napoléon I** à dr. par *Montagny*. Mm. 52. Br. doré.

1337 — Honneur à la ville de **Paris** le 27, 28, 29 Juillet 1830. Rev. **Liberté! Egalité! Ordre Public**. Belle médaille par Montagny. Mm. 25. Ar. gr. 8.5.

1338 — Sagesse de **Guillaume I**er et fidélité des néerlandais. Dirks 344. Ar. gr. 44. F.d.c.

1339   1830. *Aux braves morts pour la Liberté.* D. 379. Mort de **Van Speyk**. D. 401. 2 ps. Br.

1340   s. d. Jeton octogone au buste de **Charles X** roi de **France.** *Code de Commerce,* par *Barre.* Ar. gr. 20,5. F.d.c.

1341   1830/31. Armement général des Pays-Bas septentrionaux. Dirks 441. Br. Belle. **Campagne de 10 jours.** D. 443. Ar. gr. 33. F.d.c.

1342   1831. Mort héroïque de **J. C. J. van Speyk**. Dirks 401. Ar. gr. 53. F.d.c.

1343   — Même sujet. Dirks 402. Ar. gr. 35,5. F.d.c.

1344   1831. Médaille offerte aux étudiants de **Leyde**, par les jeunes dames de cette ville. D. 448. Br. Belle.

1345   1830. Mariage de la Princesse **Marianne** des **Pays-Bas** et **d'Albert**, Prince de **Prusse.** Leurs bustes superposés à dr. Par *Loos et Pfeuffer.* Dirks 355. Ar. gr. 25. Belle.

1346   1831. Institution de l'Ordre de la croix de fer „Het Metalen Kruis" au buste du prince d'Orange, par *Schouberg.* Mm. 65. Dirks 446. Br. Belle.

1347   1831. La Maison de Nassau-Orange succombée. Dirks 400. Médaille satirique sur le B^on. **Surlet de Chokier** *votée au régent avec fls 10.000 de pension* etc. D. 426. Léopold Ier roi des Belges élu le IV Juin 1831. D. 421. 3 ps. Br. Belle.

1348   — L'Indépendance de la Belgique reconnue. D. 451 G. Installations des Chambres par Léopold I et première cession. 3 ps. Br. Belles.

1349   1832. 2e Fête séculaire de l'Athénée de la ville d'Amsterdam. Par *van der Kellen.* D. 453. Ar. gr. 43. F.d.c.

1350   1832. Distribution des drapeaux à l'armée par Léopold I par Veyrat. Mm. 50. Br. F.d.c.

1351   1831. Le Baron **d'Hoogvorst** Général en chef des gardes civiques belges. Son buste à g. en uniforme, par *Hart.* Guioth. 58. Ar. gr. 61. Belle.

1352   1832. Mariage de **Leopold Ier** et de **Louise Marie d'Orleans**. Leurs bustes accolés par *Borrel.* Mm. 41. Y. joint 6 petites médailles au même sujet dont une en argent. 8 pièces. Belles.

1352a 1832. Défense héroïque du citadel d'Anvers. Médaille offerte aux officiers. Dirks 476^A. Même sujet. D. 465. 2 ps. Ar. gr. 63. F.d c.

1353   — Même médaille au nom. de *J. R. Chnike.* Dirks 476. t.b.c. Y joint D. 465 et 471. 3 ps. Br. Belles.

1354   1833. Noces d'or de **Barthold de Geer**, Seigneur de **Jutfaas** et de **J. G. B. van Vianen**. Dirks n. 485. 1835. **G. J. Schacht** pendant 25 ans ministre protestant à **Leyde**. Dirks 510. Br. 2 ps.

1354a 1833. Naissance de **Louis Philippe Léopold Victor Ernest**. Prince Royal des Belges. Rev. *L'aurore d'un beau jour.* Guyoth pl. 23. n. 192. Br. Belle méd. par *Hart.*

1355   S. d. Médaille au buste de Léopold I à g. par *Braemt.* Rev. *Aux Beaux Arts.* Mm. 37. Ar. Gr. 26. F.d c.

1356 1833. Séjour du roi et de la reine des Belges à Paris. Leurs bustes accolés. Rev. Buste du prince Louis Philippe Léopold, né le 24 Juillet de cette année par Montagny. Mm. 40. Br. t.b.c.

1357 1835. Monument érigé en honneur du professeur Kemper avec le coeur en argent. 4 ps. variées dont 2 en cuivre jaune.

1358 1836. Couronnement de **Ferdinand I** et **d'Anne d'Autriche à Prague** par *Held*. Leurs bustes accolés à g. Mm. 38. Ar. Gr. 19. F.d.c.

1359 S. d. Belle médaille de prix au buste de **Léopold I** roi des Belges à g. par *Braemt*. Rev. Dans une couronne de laurier. *Peinture d'après nature, 1er Prix. Mr. E. Piron.* Vermeil. Mm. 50. Ar. gr. 46. Avec oeillet.

1360 1837. Médaille de **D. Uhlhorn** in **Grevenbroich** bei **Cöln am Rhein.** Rev *Mechanische Werkstätte zur Verfertigung von Münzmaschinen.* Sur la tranche *Suum. − Cuique.* Même pièce, sur la tranche. *1846. Dieu protège la Patrie.* Br. 19 ps. F.d.c.

1361 1837. Mort de **Frédérique Louise** Reine des **Pays-Bas.** D. 531. Argent. gr. 22. Belle.

1362 1838. Couronnement de la reine **Victoria.** Son buste à g. Belle médaille par *C. R. Collis.* Br.

1363 — **Pays-Bas.** Introduction du nouveau code civil. Dirks 539. Mm. 65. Jubilé de 25 ans du règne du roi Guillaume I. Dirks 543. Mm. 63 Br. 2 ps. t.b.c.

1364 — Commémoration des massacres de *Woerden.* D. 512. — 1838. 2e fête séculaire du théâtre d'Amsterdam. D. 535.

1365 1839. **Marie** de **France.** Duchesse de **Würtemberg.** Son buste à dr. par l'etit. Rev. *Un ange est remonté au ciel.* Mm. 24. Br. doré. Superbe.

1366 1839. **Brandenbourg.** 3e Fête séculaire de la Réformation. Belle médaille au buste de **Joachim II** à dr. premier électeur réformé, par Loos. Br. Mm. 48. Superbe.

1367 Inauguration du 1er chemin de fer d'Amsterdam à Harlem D. 553. Médaille de Maestricht. Par. J. Wiener. Dirks 552. Br. 2 ps. Belles.

1368 Les commissaires du Grand-Livre de la dette nationale. D. 547. Argent. et Br. 2 ps. Belles.

1369 — Même pièce. 1839. Visite de l'Empereur **Alexandre de Russie** à la Cabane du Czar Pierre le Grand à **Zaandam.** Dirks 548. — Naissance du Prince Guillaume Nicolas Alexandre des Pays-Bas. Dirks 569. Br. 3 ps.

1370 1840. Avènement de **Guillaume II.** Son buste à dr. par *Veyrat.* Dirks 573. Mm. 60. Br. t.b.c. rare.

1371 — Médaille au buste de l'empereur **Napoléon** à g. par *Bovy.* Revers Vue de Ste Hélène. Br. Belle et rare.

1372 1840. Mort de **Friedrich Wilhelm III** roi de **Prusse.** Son buste à g. Belle méd. par *König.* Mm. 42.

1373 — Couronnement de **Friedrich Wilhelm IV** roi de **Prusse.** Belle méd. avec son buste à dr. Mm. 42.

1374 1841. Visite du roi **Guillaume II** à la Monnaie d'Utrecht. D. 585.
      Visite du roi à la province de **Limbourg**, par *Wiener*. Dirks 587.
      Le prince *Frédéric* pendant 25 ans Grand-maître national des loges
      dans les Pays-Bas. D. 586. B. 1842. Mariage de la princesse **Sophie
      des Pays-Bas** et du Grand Duc de **Saxe Weimar Eisenach**. D. 605.
      1843. Mort du roi **Guillaume I**. Par. *de Vries*. D. 623. Br. 5 ps.
      Belles.

1374*a* 1840. Médaille au buste à g. de **Frédéric II** roi de **Prusse**. Revers.
      Statue érigée. Belle méd. par **Pfeuffer**. Mm. 50. Br.

1375 –- **Guillaume II** proclamé roi des Pays-Bas. Dirks 576. Or. gr. 7.
      F.d.c. Superbe.

1376 1841. Méd. au buste à g. de *Ludwig Freiherr von Lichtenberg
      Grossherzoglich Hessischer Regierungs Praesident*. Rev. Les
      Armoiries couronnées de la ville de **Mayence**. *Zur Anerkennung
      25 Jaehrigen Wirkens fuer das Wohl der Stadt. Mainz 12
      Juli 1841*. Br. Mm. 48. Belle.

1377 1842. Belle médaille au buste de **Louis Philippe I** roi de France.
      Son buste à g. par *Petit*. Rev. *Chambre des députés. Session
      1842*. Mm. 52. Ar. gr. 71. 5. Belle.

1378 — Inauguration de l'église St. Joseph à Bruxelles, par *Braemt*.
      Mm. 68. Br. t.b.c.

1379 1843. Mort du roi **Guillaume I**. Son buste à g. par *Schouberg*.
      D. 622. Ar. gr. 36. F.d.c.

1380 1844. La Loge „**de Ster in het Oosten**" à **Batavia** existe pendant
      75 ans. Dirks 632. Ar. Belle et rare.

1381 1844. Pose de la première pierre de la Bibliothèque Ste Geneviève
      à Paris, au buste du roi **Louis Philippe** en médaillon. Mm. 70.
      Br. F.d.c.

1382 1845. La bourse d'Amsterdam. Dirks 641. Ar. gr. 36. Même sujet.
      Dirks 642. Ar. gr. 24. 5. Belles. 2 ps.

1383 1835. La commission pour la conservation des monuments. Méd.
      au buste du roi **Léopold I** de **Belgique** à g. par *L. Wiener*.
      Mm. 50. Br.

1384 1847. 50 Anniversaire des écoles pour les pauvres de la ville
      d'Amsterdam. Dirks 661. Br.

1385 -- Fondation de la Société „*Koninklijke Nederlandsche Zeil- en
      Roeivereeniging*". Dirks 666. Belle méd. par *v. d. Kellen*.
      Mm. 69. Br.

1386 1848. République française. *Trois fois depuis un demi siècle
      etc*. par Rogal. Mm. 51. Br. t.b.c

1387 1849. **Danemarc**. Médaille au buste de **Frédéric VII** par *Petersen*.
      Introduction de la constitution Mm. 50 Br. F.d.c

1388 1848. Senatus veteranorum à Utrecht. Méd. portative. Dirks 672.
      Ar. gr. 21,5. F.d.c.

1388*a* 1848. Noces d'argent de **Hugo baron van Zuylen van Nyevelt** et
      de **Dame C. A. Boreel**. Dirks 667. Br.

1389 1849. Proclamation de **Guillaume III**, roi des **Pays-Bas**. Dirks 690.
Or. gr. 7. F.d.c. Superbe.

1390 1815; 1840; 1849. Couronnement de Guiliaume I, II et III. D. 23,
576 et 690, Ar. et Ae. 5 ps. F.d.c. et t.b.c.

1391 Mêmes pièces et D. 691. Br. F.d.c. 6 ps.

1392 Même sujet. D. 63ª Ar. D. 576 et 690. Ar. et Ae. (2 ex.) D. 47.*
Ae. 10 ps. Ar. et Ae.

1393 (1849). Méd. d'honneur au buste de Guillaume III. BENE ME-
RENTIBUS — ARTI ET INGENIO. Dirks 698 B. Mm. 68. Br.
Belle et rare.

1394 1850. Décès de **Louise d'Orléans**, reine des **Belges**. Son buste à
dr. Rev. Trois médaillons aux portraits de L. Ph. duc de Brabant,
de Ph. E. comte de Flandre et de Marie Charlotte, dans un en-
tourage allégorique. Belle médaille par *Léopold Wiener*. Mm.
79. Br.

1395 1850. Régénération de **l'Empire Ottoman** par **Abdul-Medjid**. Rev.
Une forteresse au millieu d'une mer orageuse. *L'Empire subsis-
tera Dieu le veut*. Méd. artistique par *Hart*. Br. Mm. 100.
Belle.

1396 1851. Médaille d'honneur offerte par le roi **Guillaume III** des **Pays-
Bas** aux archers néerlandais. Son buste à dr. par *v. d. Kellen*
Rev. Un archer debout et la date 1851. Dirks 715. Ovale. Mm.
47/56. Br. Belle et rare.

1397 1852. Exposition d'industrie pour **Rheinland-Westphalen à Düssel-
dorf**. Sur la tranche D . UHLHORN | IN GREVENBROICH |
BEI DUSSELDORF | ✣ Ar. gr. 23,5. Belle.

1398 1849. Mort du roi **Guillaume II**. Son buste en uniforme à g. Dirks
n. 681. Belle méd. par *Schouberg*. Br.

1399 — Même sujet. Dirks n. 682. Argent gr. 40. et en bronze. Belles.

1400 1849. Médaillon au buste couronné de **Victoria** reine **d'Angleterre**,
aux noms des ministres. Rev. *Members of the house of commons*.
Mm. 96. Br. Belle.

1401 — 25ᵉ Anniversaire de la Société néerlandaise pour l'amélioration
morale des prisonniers. D. 688. Br.

1402 1850. Hommage des archers néerlandais au roi Guillaume III,
leur protecteur. Mm. 65. Dirks 714. Br. Belle.

1403 1851. Superbe médaille officielle de l'Exposition de **Londres**, aux
bustes supperposés de la reine **Victoria** et du Prince consort, par
Wyon et *Domart*. Sur la tranche. *H. Uhlhorn Class VI. Coun-
cil Medal of the Exhibition*. Br.

1404 1852. Mort de **C. R. A. van Bommel**, Evêque **de Liége** né à **Ley-
de** en 1790. Son buste à g. Revers: L'église de St. Paul à Liège.
Superbe médaille par *Léopold Wiener*. Dirks n. 726. Br.
Mm. 75.

1405 1852. Fête séculaire de la Société des sciences à **Harlem**. D. 727, y joint 1853. Méd. sur le majorité du duc de Brabant par *L. Wiener*. 3e Fête séculaire de l'académie de Leyde, dans son écrin. Br. 3 ps.

1406 75ᵉ Assemblée de la Société d'industrie à **Harlem**. Par. *J. G. Holtzhey*. Dirks 731. Ar. gr. 36. F.d.c. et en bronze t.b.c.

1407 1853. Desséchement du lac de **Harlem**, (Haarlemmermeer). Belle médaille par *Menger* au buste du roi Guillaume III, dans un cartouche orné. *Land Uit Water*. Dirks 733. Mm. 65. Br.

1408 — Même sujet. Belle médaille par *Elion*, d'après le dessin de *Pieneman*. Mm. 76. Dirks n. 734. Ar. gr. 231.

1409 Visite des rois **Guillanme I, II et III** à la Monnaie **d'Utrecht**. Dirks 27, 585 et 747. Ar. gr. 10,5, 22,5 et 24,5. 3 ps. F.d.c.

1410 1853. Mariage de **Léopold** duc de **Brabant** et de **Marie** archiduchesse **d'Autriche**. Leurs bustes accolés par *Wiener*. Mm. 75.4 Br. Belle.

1411 Visite du roi **Guillaume III** et du **Prince d'Orange** à la Monnaie **d'Utrecht**. D. 747 et 746. Br.

1412 Visite du roi à la ville **d'Utrecht**. Ar. et Br. D. 748. 2 ps. F.d.c.

1413 1853. Restauration de la hiérarchie épiscopale aux **Pays-Bas**. Dirks n. 739. — Desséchement du lac de Harlem. D. 732. — Méd. des protestants contre la hiérarchie. D. 740. — Mariage de Léopold de Brabant et de Marie d'Autriche. — Mariage du prince Henri des Pays-Bas et d'Amalia princesse de Saxe-Weimar D. 744. Br. 5 ps.

1414 **Amersfoort** 1854. Médaille de la Congrégation des enfants de Marie. Saint Michel foulant de ses pieds un monstre, entouré d'une double légende : * CONGREGATION DES ENFANTS DE MA-RIE * ERIGEE A AMERSFORT LE 16 JUILLET 1854 ⁜ L'ANGE DU SEIGNEUR ⁜ DÉLIVRERA CEUX QUI LE CRAIGNENT. Rev. La Madone sur un croissant et entourée d'une gloire d'étoiles. MONSTRA TE -- ESSE MATREM. Méd. portative. Ar. Mm. 32/27. gr. 12. Inédite et fort rare.

1415 1856. 25ᵐᵉ Anniversaire de l'inauguration de Léopold I, roi des Belges. Belle méd. à son buste à g. par *L. Wiener*. Br. Mm. 75. F.d.c.

1416 1858. Majorité du prince héréditaire **Guillaume** des Pays-Bas. Méd. au buste du prince à g. par *D. v. d. Kellen*. Dirks 809. Br. Mm. 57. Belle.

1417 1821. Mort de l'empereur **Napoléon**. Son buste à dr. dans une couronne de laurier. Revers: Mention des événements les plus importants de sa vie. Belle médaille par *Thomason & Jones*. Mm. 54. 1844. Visite de **Louis Philippe** roi de **France** à la reine **Victoria d'Angletere**. 1855. Visite de l'Empereur **Napoleon III** à la reine **Victoria**. Métal blanc. Superbes.

1418 1859. Méd. à la tête à g. de l'Empereur **Napoléon III** par *Barre*.

Rev. Dans une couronne de fleurs PAS — DE — CALAIS .
PRIX DÉPARTEMENTAL 1859. Ar. Mm. 51. gr. 64,5. Belle.

1419 S. d. Médaille au buste couronné à g. de **Marie Thérèse Béatrix Comtesse de Chambord.** Rev. Couronne de fleurs et feuilles. Ar. Mm. 38. Gr. 20. Belle.

1420 1861. Entrevue des rois **Léopold I** et **Guillaume III** à **Liége.** Leurs bustes superposés par *Léopold et Charles Wiener.* Dirks 809. Br. Mm. 70. t.b.c.

1421 S. d. Médaille au buste de l'empereur **Charles IV.** d'Allemagne Rev. *Kurfürst Otto übergiebt die Mark Brandenburg dem Kaiser.* Mm. 50. Br. Belle.

1422 S. d. Médaille au buste de **Thassilo** le premier **Comte de Zollern·** Rev. *Sieg-sgefaehrte Kaiser Karls des Grossen gegen die Heidnischen Sachsen.* Mm. 50. Br. Belle.

1423 S. d. Méd. au buste de **Ludwig Markgraf zu Brandenbourg.** Rev. *Ludwig belehnt seinen Sohn Herz. Ludwig v. Bayern mit der M. Brandenb.* Mm. 50. Br. Belle.

1424 1814. Senatus veteranorum de l'Académie d'Utrecht. Dirks 17. — 1825. 250e anniversaire de la fondation de l'Université de Leyde. D. 251. 1831. Méd. offerte aux étudiants par les curateurs de l'Université de Groningue. D. 450. 1840. Cavalcade costumée des étudiants de l'Université de Leyde. D. 560. 1845. Même sujet. D. 637. 1850. Même sujet. D. 706. 1843. Inauguration de l'académie de Delft. D. 612. 1863. Souvenir de l'entrée des Cosaques à Utrecht (2 ps.). D. 898. Br. 9 pièces.

1425 1863. Médaille en honneur de *Nic. Jac. Godron* prévôt des monnaieurs d'Utrecht. Dirks 896. Br.

1426 1863. Fête sémi-séculaire de l'indépendance des Pays-Bas. Belle médaille par *de Vries.* Dirks 902. Mm. 76. Br.

1427 1863. Jubilé sémi-séculaire de l'Indépendance des Pays-Bas, aux bustes des rois Guillaume I, II et III en médaillons, par *J. P. Menger.* Mm. 73. Dirks 900. Br. Belle.

1428 - - Même sujet. Médaille aux bustes superposés des trois rois par *S. de Vries.* Dirks n. 901. Br. Mm. 70. Belle.

1429 1864. **Deventer.** Jubilé de 50 ans de la délivrance du joug français. Mm. 38. Br. Belle.

1430 1865. Jubilé sémi-séculaire de la bataille de **Waterloo.** Belle médaille par *S. de Vries* aux noms de **Pr. v. Oranje. Saxen Weimar. Perponcher. Brunswijk-Oels. Uxbridge. Wellington. Picton. Bülow. Ziethen** et **Blücher.** Br. Rare.

1431 1866. **Guillaume III** protecteur du „*Weerbaarheidsbond*" néerlandais, érigé dans cette année. Belle méd. à la tête du roi à g. par *J. P. M. Menger.* Mm. 54. Br.

1432 1869. Fête séculaire de la Société néerlandaise de philosophie expérimentale à Rotterdam. **In Memoriam Stephani Hoogendijk Fundator,** par *J. P. Menger.* Mm. 40. Br.

1433   1871. **Jan Amos Komensky.** Paedagogue et historien né à Niwnitz en Moravie en 1542, décédé à **Amsterdam** en 1670. Deuxième fête séculaire. 4 pièces variées en étain et une en cuivre argenté. 5 pièces.

1434   1872. 3ᵐᵉ Jubilé séc. de la prise de **Brielle** au buste du Taciturne à g. Rev. **Inopinata per Contraria.** Mm. 49. Br. Belle.

1435   1872. Fête sémi-séculaire de la Société „**De Eendragt**" à **Amsterdam.** Rev. AAN F. RENDORP — JHR. K. D. HOOFT VAN WOU-DENBERG EN GEERESTEIN — JHR. H. J. BICKER — I. C. VAN NOTTEN — OPRICHTERS. — DE LEDEN. en 9 lignes et dessous les armoiries de la ville d'Amsterdam. Belle méd. par *J. Elion.* Ar. Mm. 40 gr. 29. 5. Rare.

1436   1873. Médaille aux bustes accolés et couronnés **d'Oscar II** et de **Sophie** roi et reine de **Suède.** Rev. **VETAT MORI. Mm.** 42. Br. doré. Belle.

1437   1874. Hommage au graveur de la Monnaie royale **D. v. d. Kellen.** Son buste à g. par *J. P. Menger.* Rev. *Bij de vervulling van vier en vijftig jaren trouwe eerlijke en ijverige plichtsbetrachting 1820—1874. Hem als bewijs van hoogachting door al de Munt-beambten aangeboden 30 Juny 1874.* Mm. 58. Br. Belle.

1438   1874. **Guillaume III** pendant 25 ans roi des **Pays-Bas.** Belle médaille par *de Vries Jr.* Mm. 66. Etain. Belle.

1439   1875. Académie royale des Beaux Arts à **Anvers.** Méd de prix décernée à **A. Vercruyssen** au buste de Léopold II par *Léop. Wiener.* Mm. 51. Ar. gr. 39. t.b.c.

1440   1876. Méd. aux bustes superposés à g. de **D.** et de **Heinrich Uhlhorn** par *Wittig.* **Zur Vollendung der 200. Münzmaschine durch. H. Uhlhorn 1876. Died. Uhlhorn erfand 1817. D. Münzmachine. M. Hebeldruck** ┽ et sur la tranche | *Suum Cuique* | Br. F.d.c.

1441   — Même pièce. 5 ps. Br. doré. F.d.c.

1442   Même avers. Rev. **Zur Vollendung der 200 Münzmaschine 1876 et Zur Erinnerung an Died: Uhlhorn. Erfinder der Münzmaschine mit Hebeldruck 1817.** et sur la tranche : *Mit vereinten Kräften.* 3 ps. Br. doré. F.d.c.

1443   1876. **Willem Hendrik Antonie van Bijlevelt.** Son jubilé de 50 ans comme prêtre doyen de **Naarden.** Son buste en habit ecclésias-tique, orné de l'ordre du Lion néerlandais par *J. P. Menger.* Rev. Ses armoiries DECANO DILECTO etc. (Cat. Menger n. 645). Mm. 64. Br. Belle et rare.

1444   1877. Méd. au buste du roi **Guillaume III,** offerte en or à l'anglais **C. L. W. Gardiner** pour le transport et la cession des objets de Barentsz et de Heemskerck, naufragés à Nova-Zembla. Belle méd. par *Menger.* Mm. 69. Br. Cat. Menger n 650.

1445   **Amsterdam.** L'Athénée illustre transformé en Académie urbaine, l'écusson de la ville dans un cartouche, orné des emblèmes des facultés. Rev. La Philosophie, la Foi et la Justice personifiées. Belle méd. par *Menger.* Mm. 65. Br.

1446   1878. **Paris** IVme fête fédérale des sociétés de gymnastique „*Patrie *
Courage * Moralité*". Mm. 85 Br. . elle.

1447   1878. Fête séculaire de la Société des sciences à **Batavia** „*Bata-
ria's Genootschap*". Belle médaille par Ch. Wiener. Mm. 60. Br.

1448   1877. Fête séculaire de la Société de protection de l'Industrie
à **Harlem**. Une femme debout tenant dans la main droite une
couronne de laurier et posant la main gauche sur un écusson oval
aux armoiries des Pays-Bas. Mm. 63. Br. F.d.c.

1449   ... Même pièce, mais l'avers est de toute autre gravure. A côté
de l'écusson aux armoiries des Pays-Bas se trouve un grand arbre,
et dans le lointain ou voit un vulcan et quelques palmiers. Mm.
63. Br. F.d.c.

1450   1877. Exposition d'horticulture nationale à „**Het Loo**". Médaille
offerte par S. M. le roi Guillaume III· Son buste à dr. par *Elion*.
WILLEM III KONING DER NEDERLANDEN G . H . V . L .
Rev. Réprésentation allégorique. NATIONALE TUINBOUW-
TENTOONSTELLING, HET LOO 23—25 JUNI 1877. Mm. 74.
Bronze. Superbe et fort rare.

1451   1878. Société néerlandaise de Gymnastique. 10me Réunion à **Maas-
tricht**. Belle pièce par *Elion*. Mm. 40. Ar. gr. 28,5. F.d.c.

1452   1879. Mort du prince **Henri** des **Pays-Bas**. Son buste à dr. par
Menger. Cat. Menger n. 667. Ar. gr. 57. 5. Belle.

1453   1880. *Nederlandsche Postduiven-Bond*. (Pigeons-voyageurs) 4me
Prix **d'Apeldoorn** à **G. H. J. Lubbers**. Mm. 42. Ar. F.d.c.

1454   1881. Médaille au buste de face en uniforme, orné de ses déco-
rations, du **Luit. Gen. Karel van der Heyden Adj. d. K. Gouv. Mil.
Bevelh. van Atjeh 1877—1881**. Rev. Le général à cheval à la tête
de ses troupes HULDE AAN DEN DAPPEREN EN BELEID-
VOLLEN VELDHEER, à l'ex. SAMALANGAN   26 AVG. 1877.
Mm. 65. Br. *Superbe méd. par J. P. M. Menger.*

1455   1886. Jubilé de 250 ans de l'Académie d'Utrecht LÆTA . SÆCVLA-
SVRGANT ☙ FAVSTA . SVC . LVCE par *W. Schammer*. Mm.
55. Br. Belle.

1456   - Même sujet. LVCET NON VRIT par *Begeer*. Mm. 50. Br. Belle.

1457   1887. Les fêtes d'Avril à Amsterdam. La tête du roi **Guillaume
III** à g. dans une couronne de palmes AMSTERDAM'S HULDE
AAN DEN GELIEFDEN KONING. Rev. HET UITVOEREND
COMITÉ VOOR DE APRILFEESTEN; dans le champ TER
HERINNERING AAN FEBRUARI—APRIL 1817 1887. Les
armoiries **d'Amsterdam**. Superbe médaille par *Elion*. Mm. 63. Br.
Fort rare.

1458   Mariage de **Jacobus Rudolph Hendrik Neervoort van de Poll** et
**Marthe Jeanne Elsine Geertruyda Philippine Zubli. Gehuwd te
Amsterdam 20 Mei 1887**. Dans une couronne de roses et de feuil-
les. Av. Leurs bustes superposés à dr. Superbe méd. par *J. P.
M(enger)*. Mm. 59. Br Fort rare.

1459   1888. Jubilé sémi-séculaire de la société zoologique royale „*Natura Artis Magistra*" à **Amsterdam**. Belle méd. aux armoiries des Pays-Bas et d'Amsterdam. Mm. 43. Br. Belle.

1460   Même méd. en argent, mais au revers *16—18 Dec. 1893*. Gr. 27. Belle.

1461   1890. Mort du roi **Guillaume**. Son buste à dr. par *J. M. Menger*, méd. désapprouvée à cause de la légende XLI JAREN REGEERDE DE LAATSTE ORANJE-VORST. Mm. 52. Ar. gr. 64. Belle.

1462   1890. Jubilé de 75 ans des batailles de **Quatre-Bras** et de **Water-loo**. Méd. au buste lauré à g. du prince d'Orange (Willem II). Mm. 41. Br.

1463   1891. Visite de l'empereur et de l'impératrice d'Allemagne à Amsterdam. Médaille aux bustes opposés de la reine régente **Emma** et de la reine **Wilhelmina**, et de l'empereur **Guillaume II** et de l'impératrice **August Victoria**. Ar. gr. 33. Belle.

1464   — Méd. à la tête à g. de **P. J. van Dijk van Matenesse** bourgemestre à **Schiedam**. Rev. *Zijner Stadgenooten Hulde en Dank.* — *1 Juni — 1865 - 1891.* Par. J. P. M. Menger. Mm. 65. Br. Belle.

1465   1892. Belle méd. au buste à g. de **Jonkheer Mr. C. H. Backer**. Jurisconsulte célèbre. Rev. *Den uitstekenden rechtsgeleerde. Den hooggeschatten magistraat. De advocaten en procureurs te Amsterdam.* Par *L. Jünger* et *Begeer*. Mm. 65. Br.

1466   1892. Médaille en honneur de **Mr. Alexander Verheull** Son buste de face. Rev. Les armoiries heaumées 1822 — 7 Maart — 1892. Cat. Menger n. 752. Mm. 48. Br. F.d.c.

1467   1893. Exposition internationale à Chicago. Buste de **Columbus** à g. CHRISTOPHER COLUMBUS GAVE A NEW WORLD TO HUMANITY, signé TIFFAN & CO.NY. Rev. Dans une couronne AFTER — FOUR HUNDRED — YEARS OF PROGRESS — FREE AMERICA — HONORS ITS DISCOVERER. Médaille rare de Tiffany & Co. à New York. Mm. 76. Br. Belle.

1468   1815. Couronnement de Guillaume I, par Braemt. 1821. Prise de Palembang. 1827. Ouverture du Canal de Neuzen à Gand. D. 297. — Introduction des cantiques évangéliques aux Pays-Bas. D. 291. 1830. Fermeté de Guillaume I. D. 343. — Mariage de la princesse Marianne et d'Albert prince de Prusse. D. 354. — Sagesse du roi Guillaume I. D. 344. — 1831. La campagne de dix jours. D. 442. Etain. — Même sujet. D. 443. — 1832. Méd. d'honneur décernée aux défenseurs de la citadelle d'Anvers. D. 476[B]. 10 ps. Br.

1469   1834. Jubilé sémi-séculaire de la Société „Tot Nut van 't Algemeen". Dirks 496. — 2e Fête séculaire du séminaire des Remonstrants à Amsterdam. D. 499. — Fête séculaire du séminaire des Anabaptistes à Amsterdam. D. 513. 1836. 2e fête séculaire de l'Université d'Utrecht. D. 520 et 521. 1837. 2e fête séculaire de la version de la Bible. D. 529. — Décès de Frédérica Louise Wilhelmina reine des Pays-Bas D. 531. 1843. Méd. de récompense, instituée par disposition tes-tamentaire de J. H. Hoeufft. D. 616. — Mort du roi Guillaume I. D. 622. 1845. 150e anniversaire de la Société anabaptiste frisonne D. 638. Br. 10 pièces. Belles.

1470   1834. Jubilé sémi-séculaire de la société „Tot Nut van 't Alge-
meen". Dirks 496. 1841. Guillaume II protecteur du „Yachtclub"
D. 583. 1844. Visite de Louis Philippe roi de France à Victoria
reine d'Angleterre. Métal. blanc. — Médaille de Charles S. Strat-
ton, dit Général Tom Thumb. Métal blanc. 1851. Médaille de
récompense des archers. D. 716. 1853. Visite du roi Gui-
llaume III à la Monnaie d'Utrecht. D. 747. — Visite du roi à
la ville d'Utrecht. D. 748. — Visite du prince d'Orange à la
Monnaie d'Utrecht D. 746. — 1862. Visite de la première ambassade
japonnaise D. 877. 1861. 225e anniversaire de l'Université d'Utrecht
D. 848. 1863. Médaille d'honneur de Nic. Jac. Godron. D. 896.
1866. Erection du „Weerbaarheidsbond" dans les Pays-Bas, avec
Guillaume III protecteur. Br. 12 pièces, belles.

1471   S. d. Médaille au buste **d'Albrecht** Ier Markgr. de Brandenbourg.
Revers: *Erste Besitznahme u. Vereinigung d. Sächs. Nordm. mit
d. neuen M. Brandenburg.* Mm. 50. Br. Belle.

Médailles municipales. Méreaux.

1472   **Alckmar**. Méreau des pauvres (*Armenpenning*). Minard n. 142.
Mm. 31. Br. Beau.

1473   — 1572. Médaille municipale en mémoire de la défense héroïque
de la ville contre les Espagnols. v. Loon I 168 - 166. **Or**. Gr. 19,5.
Fort rare. Superbe.

1474   — Même pièce. Gravure variée. Ar. gr. 14,5. Belle.

1475   **Amsterdam**. Méreau en argent de la corporation des „**Turfdragers
en Turfmeters**". Le droit travaillé fort en relief. Un homme debout
à g. portant un panier rempli de tourbes, dans le champ gravé,
Jan — Jacobz. — ton. Revers: Gravé. Un tonneau, légende *de
ton is bon als ick het nat daer ran en kan uyt krygge wat.* Superbe
pièce. Mm. 51. Ar. gr. 26. De la plus haute rareté. *Voir la
gravure.*

1476   — Méreau des pompiers en argent au nom de *Pieter Bordier
brandmeester 1780*. Mm. 42. Ar. t.b.c.

1477   — Méreau des pompiers, mais au revers au lieu de la pompe à
feu SECTIE BRANDMEESTER et sous l'écusson BRANDWEZEN.
Mm. 41. Ar. F.d.c.

       — Même méreau. Ae. t.b.c.

1478   — Méreau de la corporation St. Eloy, de Pieter van Nieuwen-
huyzen en 1797. Dirks n 94. Ae. b.c.

1479   — Même corporation. au nom de Pieter Eysen 1804. Ae. t.b.c.

1480   — „**Eloyen Gilt**". (Méreau des Forgerons, chaudronniers, ferblan-
tiers, fourbisseurs, etc.). Au nom de *Jan Holstyn*. Dirks pl. VIII,
95. Br. t.b c.

1481   — Méreau des charpentiers. Dirks n. 96, au nom de Frans van
Dijk. Ae. b.c

1482   -- Méreau des porteurs de bière, au nom de Jacobus van der Bosch. Dirks 16. Ae. b.c.

1483   — Méreau des charcutiers. Dirks n 114. Ae. b.c.

1485   --- Méreau des bâteliers (Binnenlandsvaarders) 2 pièces. Ae. t.b c.

1486   · Méreau des porteurs de blé. Dirks 41. Ae. t.b.c.

1487   · Trois méreaux des pompiers dont un de la compagnie des Indes-Orientales.

1488   Méreau des orphelins d'Amsterdam. Br. b.c. troué.

1489   **Anvers.** 1666. Méreau des pauvres. v. Orden pl. XII, n. 5 Ae. a.b.c.

1490   -- 1823. Méreau des pauvres pour du pain. v. Orden pl. XVIII n. 9. Br. t.b.c.

1491   **Bois-le-Duc.** 1688. Méreau oval de la corporation des **Archers.** „De Jonge Voetboog" St. George et le dragon. ✠ IN SHARTO-GEN : BOSSCHE 1688. Rev. ✠ DEN . IONGEN . VOET BOOG. Méreau inédit. Ae. Beau. Extrêmement rare. *Voir la gravure.*

1492   — 1705. Médaille municipale. v. Orden pl. XIX n. 1. Snoeck n. 5. Ar. Belle.

1493   --- 1711. Médaille municipale par van *B(erckel).* v. Orden. pl. XIX n. 3. Snoeck n. 9. Ar. gr. 7. Belle.

1494   1729. Double méd. municipale. Jubilé de la prise de la ville par Frédéric Henri. v. L. suite n. 53. v. Orden pl. XX n. 15. Snoeck n. 43. Ar. gr. 13. t.b.c.

1495   — 1739. Méd. municip. v. Orden pl. XX, n. 19. Ar. gr. 6,5. Belle.

1496   — 1741. Méd. mun. v. L. suite pl. XVIII n. 160. Ar. gr. 13. t.b.c.

1497   Méd. mun. Variété de v. Orden pl. XX n. 20. Snoeck n. 59. Ar. gr. 6,5. t.b.c.

1498   -- 1748. Double méd. municipale, par *Marmé.* Var. de v. Orden pl. XX n. 23. Snoeck n. 63. Ar. gr. 11,5. Belle.

1499   · - · Méd. municip. par *Marmé.* Var. de v. Orden pl. XX n. 24. Snoeck n. 65. Ar. gr. 6,5. Belle.

1500   -- 1765. Méd. mun. v. Orden pl. XX, n. 25. Snoeck n. 70. Ar. gr. 7. t.b.c.

1501   — 1776. Double méd. municip. par *Th van Berckel,* en mém. du duc de Brunswick-Wolfenbuttel, 25 ans gouverneur de la ville. Var. de v. Orden pl. XX n. 27. Snoeck n. 78. v. L. suite n. 507. Ar. gr. 13,2. Belle.

1502   -- — Même sujet. v. Orden pl. XX n. 27. Snoeck n. 79. v. L. suite n. 508. Ar. gr. 7. Belle.

1503   S. d. Méd. municipale. Droit de Snoeck n. 29. Revers. L'hôtel de ville accosté de S. C. dessus SANCTI DELUBRA SENATUS, dessous, ornement. Ar. t.b.c. Rare. Coin brisé. Inédit.

1504   **Delft.** Médaille Municipale. v. Orden. pl. I n. 5. Ar. Belle et rare.

1505   **Deventer.** Méreau des pompiers. Avers L'aigle. Revers. Pompe à feu. Mm. 58. Plomb. t.b.c.

1506 **Harlem**. 1572. Double méd. municip. v. Loon I éd. fr. 158 éd. holl. 160. 1. Ar. Belle.

1507 Même pièce. Ar. t.b.c

1508 — Même pièce. v. L. I. 160 n. 2.

1509 — 1740. Méd. municipale. v. L. suite n. 149. Ar. gr. 8,5. Belle.

1510 **Den Helder**. Méreau des pompiers. Mm. 43. Ae. t.b.c.

1511 **La Haye**. Médaille municipale. v. Orden. pl. I n. 3. Ar. F.d.c.

1512 — Médaille municipale. v. Orden. pl. I n. 1. Ar. F.d.c.

1513 — Méd. municipale. v. Orden. pl. XIII n. 3. Ar. F.d.c.

1514 — Méd. municipale. v. Orden. pl. I n. 4. Ar. F.d.c.

1515 — Méd. municipale. v. Orden. pl. I n. 2. Ar. t.b.c.

1516 **Leeuwarden**. Médaille municipale. v. Orden. pl. XIII n. 7. Ar. F.d.c.

1517 — Médaille municipale de poids double. v. Orden. pl. XIII n. 6. Ar. F.d.c.

1518 **Leyde**. 1650. Méreau des gardes civiques. Un lion couronné tenant la glaive et les armoiries de la ville. PVGVO ⊕ PRO ⊕ PATRIA. Rev. Deux fusils entre LEY – DEN . SCHVT-TERS . PENNING . 1650 v. Orden. pl. XIV n. 3. Ar. b.c.

1519 — 1651. Même pièce. Ar. b.c.

1520 — 1574. Méd. municipale en mémoire de la délivrance de Leyde. v. Loon I 196 – 198. n. 1. Ar. t.b.c.

1521 **Middelbourg**. Méreau de la Corporation des Orfèvres (*Zilversmids-gilde*). Divers outils. Dirks pl. LXXIII. 57. v. Orden. pl. XXIII. n. 4. Plomb. t.b.c.

1522 **Nieuwer-Amstel**. Méreau des pompiers. Ae. t.b.c.

1523 **Rotterdam**. 1689. Méd. municipale. v. Loon III éd. fr. 391. éd. holl. 420. Franks n. 56. Ar. gr. 10. Belle.

1524 1714. Même sujet. Vue de la ville du côté de la Meuse. v. L. suppl. n. 32. Ar. gr. 15. Belle.

1525 S. d. Médaille municipale. La Meuse couchée, deux genies portant une corne d'abondance. Rev. Les armoiries de Rotterdam. DATA PER RIVOS FLVMENQ: MARI etc. v. Orden. pl. XIII. n. 4. **Or. gr. 27. 5. F.d.c. Rare.**

1526 — Même pièce. Ar. gr. 19. 5. t.b.c.

1527 — 1770. Méd. municipale. Les armoiries de la ville devant la Meuse. v. Orden. pl. XIII n. 5. Ar. gr. 15 Belle.

1528 **Utrecht**. 1599. Méreau des gardes civiques (*Schutters- of wijn-penning*). Une grappe de raisin VINVM * HONORARIVM . 15 - 99. R. L'écu de la ville d'Utrecht. CIVITATI – S . TRAIEC . – TENSIS v. Orden. pl. VII n. 6. Ar. t.b.c.

1529 — 1619. Même sujet. Une arbalète entre des flèches en sautoir VINVM ⊕ HONORARIVM ⊕ Rev. Deux carabines en sautoir, au dessus le petit écu couronné d'Utrecht. MILITLÆ ⊛ CIVITATIS. 1619. v. Orden. pl. VII n. 7. Ar. t.b.c.

1530   1661. Même sujet. VIN . HON — URB . TRA . Rev. Une grappe de raisin, au dessus, quelques armes ; dessous 1661. Var. de gravure de v. Orden pl. VII n. 8. Ar. t.b.c.

1531   1650. „**Wijnkoopersgild**". Méreau en *argent*. Avers : Une main des nuages tenant une grappe de raisin, dessous, trois tonneaux Lég. ⊛ TE . VEEL ⊛ IS . FENYN ⊛ . 16 ⊛ 50. Revers gravé . FRANCHOYS . DECKERS et dans le champ FD en monogram. Comparez Dirks pl. CII n. 11. **Argent**. gr. 15. Extrêmement rare. Beau et inédit.

1532   **Wormer**. Méreau des pompiers. Dirks pl. CXXXVIII n. 24. Ae. t.b.c. Rare.

1533   Lot de méreaux pour les chiens d'Amsterdam, Arnhem, Utrecht, Rotterdam. 21 pièces.

1534   **Ypres**. Méreau des funérailles. Avers une tête de mort, Rev. Deux os en sautoir REQ IN PACE. Ar. Beau. Rare.

1535   Monnaies fictives de 50 . 25 . 10 . 5 . 1 et ½ cent en étain du Straf-Gevangenis (prison) 11 pièces.

Médailles des médecins, physiciens et aéronautes.

1536   **Andreani P**. Aéronaute. 1784. Son buste à dr. par *Guillemard*. PAVLVS ANDREANIVS PATR . MEDIOL . AEREONAVTA . Rev. Ballon. Mm. 43. Etain, Belle.

1537   **Bacon** Francis. Physicien anglais. Son buste à g. par W. Wyon. Rev. Dans une couronne de palmes et de laurier FOR CHEMICAL DISCOVERIES — PRESENTED — BY — JOHN FULLER — MEMBER OF THE — ROYAL — INSTITUTION — MDCCCXXVIII. Mm. 44. Ar. gr. 46. Belle.

1538   **Blanchard M**. Aéronaute. 1789. Son buste à g. Rev. Ascension à Breslau. Ar. Mm. 28. Beau.

1539   — Même méd. en bronze. F.d.c.

1540   **Boerhave** Herman. Le célèbre professeur à l'académie de Leyde. Son buste à g. par Simon HERMAN BOERHAAVE. Rev. NATUS — MDCLXVIII. — PAOPE LEIDAM — MORTUUS — MDCCXXXVIII. Mm. 46. Ar. gr. 44. 5. Belle.

1541   **Buys Ballot. Christoph. H. D.** 1887. Physicien renommé. Sa tête à dr. signeé *L. Jünger, d. — J. P. M. Menger, f*. Mm. 65. Br. Superbe.

1542   **Copernic**. Nicolas. Astronome renommé 1873. Jubilé de 400 ans de son naissance. Buste de trois quart à dr. Rev. Légende en 10 lignes entourée du Zodiaque. Superbe médaille par Below. Mm. 65. Br.

1543 **Des Guidi. Sébastien.** Médecin, propagateur de l'Homoeopathie en France en 1830. Sa tête à g. Méd. de 1835. Mm. 51. Br. b.c. Rare.

1544 **Donders, François Cornelis.** Professeur oculiste célèbre. 1872. Son buste à dr. par *J. P. M. Menger*, fr. en mémoire de son anniversaire de 70 ans. Mm. 65. Br. Superbe et rare.

1545 **Guyot, H. D.** Médecin. Exsitance pendant 100 ans de l'Institut des sourds-muets à *Groningue*. Dirks 563. Br. Belle.

1546 **Hagen, C. G.** Professeur en physiologie et chimie à Königsberg. Son buste à g. par *Gube* Rud. 407. 1. Ac. gr. 28. Belle.

1547 **Hevelien, Jean.** Astronome célèbre de **Dantzig.** Son buste de face sans légende. Revers. Légende en 16 lignes. Rud. 304. 2. Ar. gr. 55. Superbe.

1548 **Humboldt, Alexander de.** Naturaliste renommé. Son buste à dr. par *Brandt*. Rev. Phébus parcourant sur son char une partie du Zodiaque, dessous Neptune et Pomone. Kluyskens n. 2. Mm. 62. Br. Belle.

1549 **Hüfeland, Christ. G.** Médecin. Son buste à dr. par *Brandt*. Rudolphi n. 420. 1. Kluyskens, II. 43. Mm. 41. Br. t.b.c.

1550 **Koch, Robert.** Professeur renommé. Son buste à dr. Rev. VT SEMENTEM FECERIS ITA METES. Mm. 50. Ar. gr. 45. F.d.c.

1551 **Littrow, Charles de.** 1878. Astronome. Superbe méd. à son buste presque de face par *Anton Scharff*. CAROLO . DE . LITTROW . VIRO . HVMANITATE . INGENIO . DOCTRINA . INSIGNI. Rev. Vue de la nouvelle Observatoire. Bronze. Mm. 64. Superbe et fort rare.

1552 **Martius, Charles Frédéric Philippe de.** 1864. Botaniste renommé Prof. à l'Université de Vienne. Superbe méd par *C. Radnitzky* au buste à g. Rev. PALMARVM . PATRI . DANT . LVSTRA . DECEM . TIBI . PALMAM. Trois branches de palmier réunies par un ruban, sur lequel. IN — PALMIS — RESVRGES. Mm. 70. Bronze.

1553 **Mendelssohn, M.** Médaille par *Abramson*. Son buste à g. Rev. Crâne humain. Rud. 356. Ar. gr. 27. Belle.

1554 **Montefiore, Sir Moses.** Philanthrope renommé. Son buste à dr. avec lég hébreue. Br. Mm. 40. Belle.

1555 **Montgolfier, José et Etienn.** Aéronautes. Leurs bustes superposés à g. par *Gatteaux*. *Pour avoir rendu l'air navigable*. Rev. *Expérience du Champ de Mars 17 Août 1873 etc*. Mm. 41. Br. argenté. t.b.c. post.

1556 **Pulszky, Franz.** Archéologue hongrois. Belle médaille à son buste à g. par *A. Scharff* sur son 70me anniversaire PVLSZKY FERENC LXX EVES KORABAN. Rev. Légende en 7 lignes. Mm. 48. Bronze. Superbe.

1557 **Rees, Richard van.** Professeur en physiologie et mathématique à **Liége** et à **Utrecht.** Son buste à g. par *David v. d. Kellen*. Mm. 53. Br. Belle.

1558 **Reinwardt. C. G. C.** professeur en chimie et histoire naturelle à l'académie de Leyde, né a Lüttinghausen en Prusse, mort en 1854. Son buste à g. par *e. d. Kellen*. Dirks 722. Mm. Br. Belle.

1559 **Rudolphi, Charles Asmund.** 1832. Anatomiste à Berlin. Son buste à g. par *Putinati*. Rev. Légende en 6 lignes. Rud. 412 1. Mm. 55. Ar. gr. 58. Superbe.

1560 **Sander, Friedrich Emil.** Professeur en chirurgie à Berlin. Mort en 1878. Son buste presque de face. Rev. Dans une couronne de laurier légende en 8 lignes. Mm. 45. Ar. gr. 38. 5. Belle.

1561 **Smekes, Hendrick.** Chirurgien à Amsterdam *Méreau*. Dirks n. 7. Ae. t.b.c.

1562 **Spiess, Gust. Ad.** 1873. pendant 50 ans médecin à Frankfurt a/M. Belle médaille à sa tête à g. par *Schnitzspahn*. Rev. Légende en 8 lignes. Mm. 52. Ar. gr. 58. F.d.c.

1563 **Stieglitz, Jo.** Médecin renommé de Hannovre. 1839. Son buste à g. par *Brandt*. Mm. 46. Br. Belle.

1564 **Suerman B. F.** pendant 50 ans professeur en médecine à l'académie d'Utrecht. Son buste à g. par. *e. d. Kellen*. D. 821. Br. F.d.c.

1565 **Thunberg. C. P.** Médecin suédois mort en 1828. Sa tête à dr. par *M. F.:* Duisb. p. 213. n. 2. Mm. 32. Ar. F.d.c.

1566 **Tiedemann, Friedrich.** Naturaliste à Francfort. Buste à dr. par *Voigt*. Mm. 42. Br. t b.c.

1567 **Trommsdorff, J. B.** Chimiste et pharmacien à Erfurt 1834. Médaille par *König*. Rev. Trois figures allégoriques. Rud. 422. Ar. gr. 43. F.d.c.

1568 **Vrolik, Gerard.** professeur en médecine à Leyde. Méd. sur son jubilé, de 50 ans en 1846 avec son buste à g. Dirks 660. Mm. 56. Br. doré.

1569 **Willems, Louis.** Médecin. Inventeur de l'inoculation de la pleuropneumonie exsudative de l'espèce bovine. Mm. 62. Br. Belle.

Série fort intéressante de médailles décernées à G. Vrolik, professeur en botanie et en médecine à Amsterdam.

1570 1829. Médaille en or. donnée par le roi Guillaume I à G: Vrolik. Buste du roi à g. signé MICHAUTF lég. WILH : NASS : BELG : REX . LUXEMB : M : DUX. Rev. Dans une couronne de laurier en 9 lignes. OCTOVIRO . | PHARMACOPOEÆ . | BELGICÆ . | SCRIBENDÆ . | G. VROLIK | BOTAN : PROF : | REX . | D . MDCCCXXIX. | Compz. Dirks 75. Mm. 49. **Or.** gr. 157. Superbe et rarissime. Unique.

1571 1816. Société de sauvetage de noyés. Médaille en or donnée à **G. Vrolik**, curateur de cette société. Compz. Dirks. 259[B] avec G. | VROLIK | SOCIETATIS | CURATOR. | 1816. Mm. 35. Or. gr. 19. F.d.c.

1572 **Hortus Medicus.** Méreau d'entrée de **G. Vrolik**, sur la tranche. *Socius collegii quod Ciricum Amstelodamensium. Saluti prospicit*. Mm. 56. Ar. gr. 56.5. De toute beauté.

1573 1818. Médaille de la **société de Chirurgie** à Amsterdam à son président **G. Vrolik**. Compz. v. Loon. Suppl n. 791 avec GERARDUS | VROLIK . | VICE PRÆSES . | MDCCCVI | PRÆSES . | MDCCCXVIII. Mm. 56. Ar. gr. 71,5 Superbe.

1574 1817. **G. Vrolik** pendant 25 ans membre des régents du *légat de J. Monnickhoff* (de ce légat des médailles furent décernées aux chirurgiens qui se sont distingués) avec G. VROLIK. | *Quinto lustro peracto curator* | 1817. Compz. Dirks n. 104. v. Loon Suppl. IX n. 689. Mm. 63. Ar. Gr. 55. Superbe et rare.

1575 1832. Médaille de la „**Cholera-commissie**" à Amsterdam décernée à **G. Vrolik**. Dirks 457. Ar. F.d.c.

1576 1802. Médaille de la société „**Felix Meritis**" donnée à son membre *G. Vrolik*, à l'occasion de son existance de 25 ans. v. Loon. Suppl. 885. Ar. F.d.c.

1577 1853. Médaille de la société d'agriculture et de botanie à Utrecht décernée au **Dr. G. Vrolik**. AAN | D^R. G. VROLIK | VRUCHTEN | 18$\frac{14}{9}$53. Dirks 618. Ar. gr. 40. F.d.c.

1578 1846. Médaille au buste du professeur **G. Vrolik** à gauche, en mémoire de son jubilé de 50 ans comme médecin. Dirks 660. Ar. gr. 72. F.d.c. Fort rare dans ce métal.

1579 — Même médaille en bronze.

Médailles ayant rapport à la médecine.

1580 **Choléra à Hambourg** en 1892. Superbe méd. par *Vogel*. Hercule terrassant le Hydra. *Den * Helfern — In Der * Not.* Rev. Les armoiries de la ville. *Das dankbare Hamburg. 1892.* Mm. 70. Br.

1581 **Circoncision.** Méd. offerte par Monsieur **Beer à Utrecht** avec inscription en hébreu.

1582 **Clinicum** chirurgicum et opthalmeatricum à *Berlin* érigé en 1819. Vue de l'édifice. Rev. DILIGENTI PROBATO. Mm. 30. Ar. gr. 9. F.d.c.

1583 **Confrèrie de Miséricorde.** 1825. Un cimetière sur lequel ou voit une croix, un saule pleureur et un tombeau avec R. I. P. GENOOTSCHAP VAN BARMHARTIGHEID. AMSTERDAM. 1825. Rev. Sous une couronne H. LUDOVICUS KONING VAN FRANKRYK 25 AUGUSTUS 1200, à l'entour BESCHERMHEILIGE VAN HET GENOOTSCHAP VAN BARMHARTIGHEID. Médaille portative. Ar. Mm. 31. gr. 8. Inédite. Fort rare.

1584 1828. Congrès des Naturalistes allemands à **Berlin**. IN MEMORIAM CONVENTVS NATVRÆ SCRVTAT. TOTIVS GERMANIÆ etc. par *König*. Mm. 41. Ar. gr. 28,5. Belle.

1585 **Convalescence** du Prince d'Orange après une grave maladie en 1837. Par. *v. d. Kellen*. Dirks 507. Br. t.b.c.

1586 **Croix Rouge**, 1870. Méd. sur la convention de **Genève**, aux armoiries de **Genève, Pays-Bas, Danemarc, Espagne, France, Hesse, Italie, Portugal, Prusse, Wurtemberg. Saxe, Autriche, Bavière, Suède, Norvège, Angleterre, Amérique, Egypte, Russie, Suisse, Belgique** et de **Bade.** Revers: Le pavillon à la croix rouge. ANIMA . VULNERATORUM . CLAMAVIT. Superbe méd. par *S. de Vries, La Haye.* Argent. Mm. 42. gr. 18. F.d.c.

1587 -- Même pièce en bronze. Belle.

1588 **Fundations philantropiques** de la baronne de Renswoude, à Utrecht, à Delft et à la Haye. Belle méd. au buste de la baronne presque de face. Fête séculaire de ses fundations en 1856. Dirks 778. Mm. 68. Br.

1589 **Hortus Medicus** à **Amsterdam.** Méreau d'entreé de P. Buyn 1804. Ae. t.b.c.

1590 **Hortus Medicus** à **Amsterdam** 1684. Méreau d'entrée au nom de **Mr. Arnoldus Valckenburg.** v. Orden. pl. II, n. 1. Mm. 36,5. Ae.

1591 **Hortus medicus** à Amsterdam 1696. Méreau d'entrée au nom de **Mr. Fr. de Vroede commis. der Stads thuijn** (commissaire des Jardins. Dirks 11. Ar. Beau.

1592 **Hospice** des vieillards et **Orphélinat** à **Delft.** 1787. Jubilé de trois cents ans. Superbe médaille par *Elion,* aux noms des régents en 1578 et en 1878. Mm. 77. Br.

1593 **Hospice des pauvres** luthériens fondé à **Amsterdam** en 1770. PAUPERUM CONFUGIUM. Vue de l'édifice; a l'ex. ACHREMA-TOCOMIUM LUTHERANORUM CONDITUM. MDCCLXX. T.-V.-B. Rev. PIETAS SENATUS AMSTELLOD: et à l'ex. ECCLESIA LUTHERAN. SUFFULTA ET DEFENSA. *T. v. Berckel* F. v. Loon suite n. 450. Ar. gr. 21. t.b.c.

1594 **Hospice des pauvres** à **Utrecht.** (*Diaconie oude Mannen en Vrouwenhuis*). Vue de l'édifice inanguré en 1759. Ar. t.b.c,

1595 — à **La Haye** 1841. Asile pour des vieillards israélites érigé par les efforts philantropiques de **Mr. van Gigch.** Br. t.b.c.

1596 **Hospice de St. Eloy.** 1670. Méreau d'admission **des Forgerons** dans l'hospice St. Eloy à **Utrecht.** Minard v. Hoorbeke n. 437. Dirks CI n. 3. **Argent.** gr. 11,5. Beau et fort rare.

1597 1834. **Hospice des Incurables** construit à **Rome.** Buste du pape Grégoire XVI à dr. Rev. L'Hospice VALETVDINARIO . INCV-RABILIVM AD . S . IACOBI etc. Mm. 43. Ar. gr. 33,5. t b.c.

1598 1867. Construction de **l'Hospice des Aliénés** à Rome. Buste du pape **Pie IX** à g. par Bianchi. Rev. L'Hospice. HOSPITIM DE-MENTIBVS . URAND. Mm. 43. Ar. gr. 33. Belle.

1599 **Inondations** dans la province **d'Utrecht** en 1855. Méd. offerte par les Etats d'Utrecht à ceux qui se sont distingués en portant secours aux inondés. Dirks 762. Mm. 58. Br. Belle.

1600 **Inondations** de 1861. Méd. au buste du roi **Guillaume III** par *Karel Wiener.* Rev. Réprésentation allégorique ORANJE EN

NEDERLAND — BIJ DEN WATERSNOOD 1861. Dirks 842. Argent Mm. 63. Superbe.

1601   — Même médaille en bronze. Belle.

1602   1870. **Orphélinat** à **Amsterdam**. 350e anniversaire de l'Hospice des orphelins (*Burgerweeshuis*) à Amsterdam. Rev. Les noms des régents. Belle petite médaille en bronze.

1603   **Orphélinat militaire** à **Glücksbourg**, aux têtes des trois empereurs, Guillaume I, Friedrich et Guillaume II — KRIEGER — WAISENHAUS GLÜCKSBURG. Ar. gr. 23. F.d.c.

1604   **Orphélinat des réformés pauvres à Amsterdam**. 1882. Vue de l'orphélinat inauguré. Rev. Trois médaillons „*Diaconi Weeshuys*''; „*Justus. Ut. Leo. Confidit. Prov. 26*'' en „*Saligh zijn de Barmhertige*'' Belle med. par *Elion* dans son écrin. Mm. 70. Br. Rare.

1605   1539. **Peste**. Médaille sur la **Peste** en **Allemagne**. Moïse montre avec son bâton, le serpent d'airain au peuple juif CHRISTI TODT — WEIT — VBRTRIFFT — DIR — ALTIN — SCHLANGE — GIFT — N. Revers la Crucification, le Christe entre les deux larrons entouré d'une foule. CHRISTI . . . CREVTZ . ., VND . . . BLVT . IST . ALLEIN . GERECHT . VND . GVT . MDXXXIX. Médaille coulée authentique de la plus haute rareté en **Or**. Gr. 40.
       Voir la gravure. Pestillentia in Nummis pag. 83. n. 266.

1606   **Sauvetage de naufragés**. 1840. *Zuid-Hollandsche maatschappij tot redding van Schipbreukelingen*. Scène de sauvetage et de secours donné aux naufragés. Dirks 593. Br. Belle.

Eglises renommées par J. Wiener.

1607   **Societé des sciences naturelles** à **Groningue**. 50me anniversaire. 1851. Br. Belle.

1608   Médaille par *Léopold Wiener* faite à l'occasion de l'inauguration d'une église à **Laeken**, en mémoire de **Louise d'Orleans** reine des Belges. Son buste à dr. Rev. L'église. Mm. 75. Br. Belle.

1609   *L'église de St. Paul* à **Liége**. Vue de l'intérieur. Revers Buste à g. de **C. R. A. van Bommel** évêque de **Liège**, ne à **Leyde** 1790, mort en 1852. Dirks n. 726. Br. Mm. 75. Superbe.

1610   **St. Apollinariskirche** bei **Remagen** am Rhein. 1853, fondée par **Franz Egon Comte de Fürstenberg — Stammheim**. Vue de l'extérieur et de l'interieur. Mm. 59. Belle.

1611   **La Cathédrale** de **Notre-Dame** à **Paris**. Vue de l'extérieur et de l'intérieur. Br. Mm. 59. Belle.

1612   **La Cathédrale** de **York**. 1832. Vue de l'extérieur et de l'intérieur. Br. Mm. 59. t.b.c.

1613   **Le Dôme à Aix-la-Chapelle**. 1853. Vue de l'extérieur et de l'intérieur. Mm. 59. Br. t.b.c.

1614   **La Basilique de St. Marc** à **Venise**. Vue de l'ext. et de l'intér. Mm. 59. Br. t.b.c.

1615 **Le Dôme à Cologne.** Vue de l'intérieur. Avers. Buste à g. du Cardinal Johann Geissel archévéque de Cologne. **Br. Mm.** 50. Belle.

1616 **La Synagoge à Maestricht.** Inauguration en 1840 et hommage des Israëlites de Maastricht à S. M. le roi ; par *Wiener*. Dirks 591. Br. t.b.c.

1617 **La Cathédrale St. Rombaut à Malines** L'extérieur et l'intérieur. Mm. 50. Br. t.b.c.

1618 **La Chapelle Saint Ferdinand,** 1843, en mémoire de **S. A. R. L. F. P. Duc d'Orleans Prince Royal.** Son buste à dr. par *Borrel*. Rev. Vue de la chapelle. Mm. 51. Br. Belle.

Statues et édifices monumentaux.

1619 1840. **Pierre Paul Rubens.** Statue érigée à **Anvers.** Superbe médaille au buste de Rubens à g. avec chapeau, par Hart, revers la statue. Guioth 297. Mm. 72. Br. F.d.c.

1620 1841. **Michiel Adrian de Ruyter.** Erection d'une statue en honneur de l'amiral, par *Royer*, gravé par. *v. d. Kellen.* Avers TERROR HOSTIVM — PATRIAE DECVS. Vue de la Statue. Revers : Les armoiries de la ville de **Flessingue** RVYTERI MANIBVS STATVAM VLISSINGAE PIA POSTERITAS DICAVIT ✿ MDCCCXLI ✿ Dirks n. 595. Mm. 87. Métal blanc. Superbe et rare.

1621 — Même madaille en bronze Belle et rare.

1622 — Même sujet. Même statue. Rev. RUYTERI MANIBVS PIA POSTERITAS. Dirks 596. Mm. 51. Br.

1623 1843. **The Thames Tunnel** inauguré. Méd. au buste de Sir Isambart Marc Brunnel ; revers : vue de l'intérieur du Tunnel. Etain, sous verre. F.d.c.

1624 1844. Statue érigée en honneur de **Wellington.** Etain. F.d.c. 2. ps.

1625 1845. Inauguration de la **Bourse à Amsterdam** Br. t.b.c

1626 1845. Inauguration de la Statue équestre du **Taciturne à la Haye.** Buste à dr. de **Guillaume II** par *Bouret*. Dirks 639. Br. Mm. 68. Belle.

1627 1848. Statue pédestre en honneur du prince **Guillaume I d'Orange** à **la Haye** par *J. P. Schouberg*. D. 674. Br. Mm. 65. Belle.

1628 1850. Inauguration de la nouvelle Académie à **Groningue.** Dirks 711. Br. Belle.

1629 1852. **Rembrandt.** Statue érigée à **Amsterdam** en son honneur, par *J. P. Menger.* Dirks 729. Br. Mm. 50. Belle.

1630 1854. Statue en honneur de BIRGERUS DUX SVEORVM. Belle méd. par *Lea Ahlborn*. Mm. 68. Etain. Belle.

1631 1854. Erection d'une statue en honneur du roi **Guillaume II à la Haye** ; par *Menger*. Dirks 758. Ar. Mm. 69. gr. 100. F.d.c.

1632   Même pièce en bronze. Belle.

1633 1856. Inauguration du monument érigé à **Amsterdam** en mémoire de l'esprit national de 1830—1831 au buste de **Guillaume III**. D. 782. Mm. 75. Br. Belle méd. par *Elion*.

1634 1856. **Antoine van Dijk**. Statue érigée à **Anvers**. Avers. Son buste à g. par *L. Wiener*. Rev. La Statue. Br. Mm. 68. Superbe et rare.

1635 — **Laurens Jansz. Koster**. Statue érigée en honneur de l'inventeur de la typographie à **Harlem**. Belle méd. par *Elion*. Dirks 779. Br. Mm. 74.

1636 1859. **Belgique**. Inauguration de la colonne du congrès. Superbe méd. à la tête de **Léopold I** à g. par *L. Wiener*. Mm. 85. Br.

1637 1862. **Ary Scheffer**. Statue érigée à **Dordrecht**, par *v. d. Kellen*. D. 873. Mm. 58. Br. Belle.

1638 1864. Inauguration de la statue de **Jean et Hubert van Eyck** à Maes-cyck, par *Wiener*. Mm. 50. Br. t.b.c.

1639 1892. **Bulgarie. Ferdinand I**. Erection de la statue de la liberté à **Philipopel**. Belle méd. ovale. Mm. 35/45. Ar. gr. 29. F.d.c.

1640 — Même méd. en aluminium, Belle.

1641 — Même méd. plus petite. Mm. 23/30. Aluminium.

Personnes célèbres.

1642 **d'Ablaing van Giessenburg (J. D. C. baron)** colonel de la garde civique d'Utrecht, mobilisée pendant la révolution belge. Buste à dr. Dirks 487. Br. Belle.

1643 **Arschot Schoonhoven (P. J. M. Comte d')** maréchal du roi des Belges. Son buste à g. en uniforme par *Veyrat*. Mm. 60. Br. Belle.

1644 **Bilderdijk (Guillaume)**. Poète et historien hollandais. Son buste à g. par *v. d. Kellen*. Kluyskens p. 128 n. 1. Mm. 54. Br.

1645 **Bosch (Johannes *Comte* van den)**. Défends Java 1802—8. Général 1816. Gouverneur général 1829—1834. Ministre 1834—39 etc. Belle méd. au buste de face. Dirks 625. Br.

1646 **Brederode. Henri de**; le Chef des Gueux. Son buste cuirassé à g. par *Simon*. Mm. 49. Br. t.b.c.

1647 **Brunel. Sir Isambart Marc**. Ingénieur du tunnel sous la Tamise. Son buste à g. Rev. Vue du „*Rotherhithe Entrance*". Mm. 43. Etain. F.d.c.

1648 **Busse (Gottl.)** K. Commerz Rath in Luckenwalde. Son buste presque de face. Belle médaille par *Brandt*. Mm. 41. Br.

1649 **Chambord. (Henri comte de)**. Son buste à dr. par Gayrard. *Henri de France*. Rev. Couronne de laurier. Mm. 36. Br. t.b.c.

1650 — Henri comte de, et **Marie Thérèse Béatrix** Comtesse de **Chambord**. 3 médailles. Mm. 20 et 24. Br.

1651 **Charles X** roi de **France** couronné à **Reims**. 1825. Son buste couronné à dr. par *Gatteaux*. Rev. Le couronnement. Deux plaquettes en étain. Superbes. Mm. 75.

1652 **Chassé** (**D. M. baron**). Commandant de la citadelle d'Anvers. Dirks 464. Guioth 161. Br. t.b.c.

1653 **Clarkson** (**Thomas**). Président de la convention contre l'esclavage à **Londres**. 1840. Son buste à dr. par *Haydon*. Mm. 51. Etain. F.d.c.

1654 Même sujet. Un esclave enchaîné et agenouillé „*Am I not a man and a brother?* Rev. *Whatsoever ye would that men should do to you. Do ye even so to them.* Etain. Mm. 33. Belle pièce.

1655 **Conscience**. Hendrik. Son buste à dr. par *L. Wiener*. Rev. *Aan Hendrik Conscience zijne taalgenooten 1881*. Mm. 60. Br. F.d.c.

1656 **Coremans** (**Edw.**) **Volksvertegenwoordiger**. (député flamand). Son buste à g. Mm. 51. Br. F.d.c.

1657 **Dam van Isselt** (**E. W. van**) Orateur. Dirks 822. Br.

1658 **Dermout** (**J. J.**) Sécrétaire de la Synode néerlandaise. Buste à g. Dirks 644. Br. Belle.

1659 **Dreux-Brézé** (**Scipⁿ. Marquis de**.) Pair de France. Son buste à dr. par *Barre*. Mm. 41. Br. t.b.c.

1660 **Dumon—Dumortier** (**Augustin Aimable**). Gouverneur de Hainaut 1847—48. Bourgmestre de la ville de Tournay 1848—52. Buste à g. par *Wiener*. Br. Belle.

1661 **Duyn van Maasdam.** (**A. F. J. Comte van der**). 1813. Buste à g. par *Schouberg*. Mm. 55. Br. F.d.c.

1662 **Dijck** (**Antoine van**). 1856. Peintre célèbre. Son buste à g. par *Charles Wiener*. Revers : Statue érigée à Anvers. Mm. 68. Br. Belle.

1663 — Son buste à dr. par *Wolff*. Mm. 41. Br. t.b.c.

1664 **Egmond. Lamoral, comte d'. — de Groot Hugo. Marnix de St. Aldegonde, v. d. Werff.** Pieter Adriaansz. par *Simon*. 4 pièces en fer.

1665 **Falck.** (**A. Reinhart baron de**) ministre de l'intérieur, ambassadeur. Kluyskens p. 294. Mm. 43. Br. F.d.c.

1666 **Fröbel.** (**Friedrich**) né en 1782. Son buste de face. Rev. *Anna Paulowna School Amsterdam. Fröbel Herdacht 21 April 1882*. Mm. 30. Ar. F.d.c.

1667 **Gravina** (**J. Vincentius**). Son buste à dr. par *Mercandetti*. Mm. 67. Br. Belle.

1668 **Geusau.** (**Jhr. P. G. C. van**). 1860. Grand-officier du Grand-Orient des Pays-Bas. Son buste à dr. par *Wiener*. Mm. 50. Br. F.d.c.

1669 **Hall** (**M. H. van**) 1856. Président du tribunal à Amsterdam. Méd. à son buste à g. Dirks n. 775. Br. t.b.c.

1670 **Haendel C. F.** Compositeur né en 1685 mort en 1759. Son buste à g. Mm. 28. Ar. F.d.c.

1671 **Heim van Duivendijke** (**Mr. J. A. baron van der**), Conseiller, Commissaire du roi. Dirks 880. Br. F.d.c.

1672 **Hogendorp** (**Gijsbert Karel Comte de**). Homme d'Etat. Mort en 1834 ; par *v. d. Kellen*. Br. Belle.

1673 **Hooft** (**Pieter Corneliszoon**). Poète, historien et homme d'état. Méd. au buste de face par *Menger*. Mm. 47. Br. Belle. Cat. Menger n. 410.

1674   **Huidekoper (Pieter).** Bourgemestre d'Amsterdam. Son buste à g.
par *v. d. Kellen.* Br. Mm. 57. F.d.c.

1675   **Humbeeck (Pierre van.)** Grand-maître national de la Loge „*L'Union
et du Progrès*". Son buste à g. par *Fisch.* Mm. 62. Br. F.d.c.

1676   **Kellen (D. van der)** Graveur à la Monnaie royale des Pays-Bas.
Belle méd. au buste à g. par *J. P. Menger.* Mm. 57. Br. F.d.c.

1677   **Keyser (Nicaise de).** Peintre. Belle méd. avec son buste à g. par
Hart. Mm. 68. Br. F.d.c.

1678   **Kien (Mr. N. P.)** 1864. Bourgmestre d'Utrecht pendant 25 ans.
Son buste à g. Br. Mm. 65. F.d.c.

1679   **Law J. A. B.** marquis de **Lauriston,** ministre-sécrétaire du roi
1821. Son buste à dr. en uniforme par *Barre.* Rev. Ses armoiries.
Nec Obscura Nec Ima. Mm. 40. Br. Belle.

1680   **Lesseps (Ferdinand de).** Son buste à g. Rev. Inauguration du
canal de **Suez.** Mm. 51. Etain. t.b.c.

1681   **Lessing (Gotthold Ephraim).** 1781. Auteur de „*Nathan der
Weise*". Son buste à dr. Méd sur sa mort. Mm. 42. Etain. t.b.c.

1682   **Lind, Jenny.** Cantatrice. 1847. Medaille en étain au buste de
face. Rev. NESCIT OCCASUM NATA 1821. Mm. 38 et 27. 2
pièces de module varié. Belles.

1683   **Mazarin, Julius.** Cardinal de France. 1660. Son buste à dr. Rev.
Ancre. Mm. 35. Fer. t.b.c.

1684   **Nagler (Carl. F. Frdr. von)** 1835. Directeur des Postes en Prusse.
Superbe med. par *Brandt.* Mm. 41. Br.

1685   **Oldenbarneveldt (Jean d'.)** Son buste à g. par *Simon.* Mm. 46.
Br. Belle

1686   **Palm (J. H. van der.)** 1840. Professeur à Leyde. Médaille sur sa
mort avec son buste à g. par *v. d. Kellen.* Dirks 570. Br. Belle.

1687   **Pieneman N. et J. W.** Peintres. Leurs bustes accolés à g. Belle
méd. par *Elion.* Mm. 67. Br. t.b.c.

1688   **Pfuel (A. H. E. v.)** Lieut-Général. Fondateur de l'école de nata-
tion. Son buste à dr. par *Brandt.* Br. Belle,

1689   **Prusse. Friedrich Wilhelm III.** Mort en 1840. Son buste à g. par
Koenig. Mm. 41. Br. Belle.

1690   **Prusse.** Guerre de 1870—71, Boîte en carton renfermant les por-
traits du roi **Guillaume,** du prince héréditaire de **Prusse,** du prince
Friedr. Carl v. Preussen, Général v. **Steinmetz,** v. **Moltke,** Ministre
v. **Roon,** Comte **Bismarck,** Général **Vogel v. Falkenstein,** v. **Man-
teuffel, Aug.** prince de **Wurtemberg.** Général v. **Zastrow,** Général
v. **Alvensleben II,** v. **Fransecky,** v. **Alvensleben I,** v. **Beyer,** v.
Bose, v. **Kirchbach,** v. **Goeben,** v. **Bittenfeld,** v. **Voigts-Rhets,**
v. **Tumpling,** v. **Manstein,** le prince royal de **Saxe,** Général **v. der
Tann, v. Hartmann, v. Werden.** Fort intéressant.

1691   **Raadt (Petrus de).** 1855. Med: en honneur et au buste du fonda-
teur de la maison d'éducation „Noorthey" existant pendant 35
ans. D. 773. Mm. 57. Br. F.d.c.

1692   **Rauch (Christ.)** Sculpteur. Fort belle médaille, par *König*. Mm. 44. Br.

1693   **Rubens** (**P. P.**) Peintre renommé. Son buste à g. avec le chapeau, par *Hart*. Mm. 45. Br.

1694   **Russie**. Suite de 52 médailles aux bustes des **Czars** de **Russie**, par *Gass*. Toutes ces pièces sont de Mm. 39.

1695   **Schiller (Friedrich von)**. 1859. Son buste à dr. par *Sebald*. Mm. 37. Ar. gr. 19. F.d.c.

1696   **Schrant (Johan Math.)** Professeur Juris, agé de 80 ans. Dirks 883 Br. Mm. 50. Belle.

1697   **Stassart (Goswin. J. A. baron de)** 1854. Homme d'état renommé belge. Buste à dr. par *Wiener*. Br. Mm. 67. Superbe.

1698   **Swinderen** (**Mr. Th. van**) Inspecteur des écoles à **Groningue**. Son buste à g. Mm. 38. Br. Belle.

1699   **Talleyrand Perigord. (Alex. Aug. Cardinal de)**. Son buste à g. presque de face par *Chardigny*. Mm. 50. Br. t b.c.

1700   **Thorbecke (M⸱. Joh. Rudolph)**. Ministre président. Mm. 43. Br. t.b.c.

1701   **Verhaegen (Pierre Théod.)** 1852. Célèbre homme d'état belge. Son buste à dr. par *L. Wiener*. Mm. 67. Br. F.d.c.

1702   **Verveer (S. L.)** 1876. Peintre hollandais. Son buste à dr. par *de Vries*. Arnhem. Cat. Menger 644 Mm. 60. Br.

1703   **Vondel (Joost v. d.)** 1887. Troisième fête séculaire de sa naissance, à **Anvers**. Son buste à g. Mm. 50. Br. t.b.c. Rare.

1704   **Vredenburgh. (Jonkheer Joh. Willem van)**. Littérateur. Son buste à dr. par *Schouberg*. Rev. Buste à g. de **Dame Marie Adriana van Vredenburgh**. Dirks 611*a*. Br. Belle.

1705   — Méd. au buste et aux armoiries, de Jhr. Mr. Joh. v. Vredenburch. Dirks 607. Mm. 53. Br. Rare.

1706   — Même médaille mais au revers tableau généalogique des Vredenburch. Dirks 667. Br. Rare et belle.

1707   **Vredenburch (Dame Marie Andriana van)**. Son buste à g par *Schouberg*, dessous ses armoiries. Revers. *Lisse*. Br. Belle et rare.

1708   **Vries (Mr. Jeronimo de)** pendant 50 ans Sécrétaire de la ville d'Amsterdam. Son buste à g. par *v. d. Kellen*. Br. Mm. 44.

1709   **Wagner, Richard.** Son buste à dr. *„Zur Erinnerung an die Festspiele in Bayreuth 1876*. Mm. 53. Etain. F.d.c.

1710   **Wall Bake (H. A. van den)**. Maître de la Monnaie des Pays-Bas. Son buste à g. par *J. P. M. Menger*. Mm. 45. Br. Belle.

1711   **Willems, J. F.** Poëte flamand, mort en 1846 à **Gand**. Son buste à g. Mm. 50. Ar. gr. 50. F.d.c.

1712   **Zimmerman (J. D.)** 1858. Pasteur à Utrecht. Son buste à g. Br. Mm. 47.

Médailles de prix et des Expositions.

1713   **Amsterdam.** Médaille de prix *„Hulde aan de kunst"*. par *de Vries*. Mm. 46. Br. t.b.c.

1714 — „*Koninklijk Zoologisch Genootschap*". Méd. de prix par *L. Wiener*. Mm. Br. t.b.c.

1715 — 1866. Exposition d'horticulture Médaille de prix à H. J. Wilke. Ar. gr. 22. F.d.c.

1716 — 1866. Exposition d'industrie et d'art néerlandaise dans le „Paleis voor Volksvlijt." Belle médaille par *Elion*. Mm. 55. Ar. gr. 69. F.d.c.

1716*a* — 1883. Medaille de l'exposition internationale et coloniale. Mm. 56. Etain. t b.c.

1717 — 1884. Exposition internationale d'agriculture. Buste de **Guillaume III** à dr. Rev. L'écusson des Pays-Bas entouré de 11 écussons. Mm. 48. Ar. gr. 45. Superbe. Rare.

1718 — 1869. Exposition internationale de la société d'encouragement de l'industrie dans les Pays-Bas. Mm. 52. Br. F.d.c.

1720 — Méd. de prix de la „Hollandsche Maatschappij van Fraaie Kunsten en Wetenschappen, pendant le royaume de Hollande." Nahuys pl. 2 n. 13. Br.

1721 **Arnhem**. 1868. Exposition d'industrie et d'art néerlandais. Mm. 55. Ar. gr. 68. F.d.c.

1722 **Chicago** 1893. Exposition. Buste à g. de **Christopher Columbus**. *Christopher Columbus. Discover of America*. Rev. *In commemoration of the World's Columbian Exposition 1893. Chicago May-Octob*. Mm. 70. Aluminium. Superbe et rare.

1723 **Cologne**. 1875. Internationale Gartenbau-Ausstellung. Au buste du „*Kronprinz* **Friedrich Wilhelm** *Protector*, par *Wiener*. Mm. 50. Br. Belle.

1724 — Même sujet, au buste de *l'Impératrice* **Auguste**. Br. et br. doré. Belles.

1725 — 1865. Exposition d'agriculture. Br. doré. Belle.

1726 **Den Helder. Pigeons-voyageurs**. Méd. de prix au buste du roi **Guillaume III**. *Wedvlucht den Helder 2de Prijs. P. J. van Boogaard. 13 Juli 1890*. Rev. Trois pigeons-voyageurs au dessus d'une ville. Br. Mm. 38. Belle.

1727 **Pigeons-Voyageurs**. Méd. de prix au buste à g. de la reine **Wilhelmina**. Par. *W. Schammer*. Br. Mm. 38. Belle.

1728 — Même méd. en vermeil. Ar. gr. 32. Belle.

1729 **Düsseldorf**. 1852. Exposition d'industrie pour **Rheinland-Westphalen**. Ar. Belles. 2 ps.

1730 **Hambourg**. 1878. Exposition d'industrie. Mm 41. Etain. F.d.c. et même sujet de 1876. Br.

1731 **Harlem**. 1861. Même sujet. Dirks 852 (2 ps.) D. 853 et 854. Br. 4 ps. Belles.

1732 **Leeuwarde**. 1re exposition frisonne. Dirks 631. Br.

1733 **Leyde**. Série des méd. de mascarade des étudiants de 1825, de 1845 au nom de *J. van der Elst* et sans nom, de 1850 au nom de *A. L. A. Gevers*, de 1855. de 1865 au nom de *J. de Vries*. 7 pièces. Ar. gr. 67,5.

1734 **Londres**. The International Industrial Exhibition 1851. Au buste du prince **Albert**. Mm. 51. Etain. F.d.c.

1735 — Même exposition. La tête du Prince **Albert** dans un entourage de laurier. *His Royal Highness Prince Albert*. Rev. L'exposition. Par *Ottley*. Mm. 73. Etain. Belle pièce.

1736 — Même exposition Médaille aux bustes de la reine **Victoria** et du prince **Albert** à g. Mm. 51. Etain. F.d.c.

1737 — Même exposition. Buste du Prince **Albert** à. g. Métal blanc. F.d.c. 4 ps.

1738 — Même sujet. Buste à dr. Revers, vue de l'édifice. Metal blanc.

1739 — Même sujet. Méd. de D. Uhlhorn à Grevenbroich. **Coining-Press**. Br. (3 ps.) et br. argenté. F.d.c.

1740 1862. Exposition internationale. Mm. 51. 2 pièces variées. Etain. t.b.c.

1741 1861. Exposition internationale au buste de feu prince Albert. Méd. de *H. Uhlhorn*. Br. doré et br. F.d.c.

1742 **Maestricht**. Exposition d'art et d'industrie dans le duché du Limbourg. Mm. 40. Br. F.d.c.

1743 **Paris**. 1867. Exposition universelle aux bustes de Napoléon III et de l'impératrice. Br. doré. Mm. 51. Belle.

1744 — Même exposition au buste de l'empereur seul par *Ponscarme*. Mm. 50. Br. F.d.c.

1745 Même pièce. Br. doré. Belle.

1746 1878. Exposition universelle, par *Oudiné*. Mm. 51. Br. Belle.

1747 **Utrecht**. Exposition de chiens de la société de chasse „Nimrod" Méd. de prix décernée à G. H. J. Lubbers ; par *Elion*. Mm. 41. Vermeil. Belle.

1748 Médaille de prix de la Société d'agriculture **de la Hollande** ; de **la Zélande**, d'**Utrecht** Mm. 47 et 35, **de Leyde** de la Société „Tot Nut van 't Algemeen", de la Société provinciale des sciences en *Noord-Brabant*, de la municipalité de la ville de **Leeuwarde** ; méd. prix de l'Institut Royal. Dirks 150. Etain. médaille de prix au buste du roi **Guillaume II** à g; au buste du roi Guillaume III à dr. (3 ps. différentes) et 3 autres méd. de prix. Br. 16 ps.

VARIA.

1749 Médaille de mariage à légende hollandaise. Poule avec ses poussins. *De klokhen mint haar kiekens sehr, doch ick mijn liefste noch veel meer.* Ar. gr. 28, vers 1700.

1750 Superbe méd. de baptème par *Séb. Dadler*. Buste du Christ couronné d'épines dans un entourage de nuages sur lesquelles plusieurs anges. EGO SVM VIA VERITAS ET VITA. Rev. le Christ assis sur son tombeau devant sa croix, portant une coupe de vin et un epis ET LIVORE EIVS SANATI SVM ESA: 53. Ar. gr. 36, 5. F.d.c.

1751 1561. Petite méd. SALVATOR MVNDI CHRISTIMIS. Buste du Sauveur de face portant globe crucigère. Rev. L'agneau

pascal AGNVS DEI QVI TOLLIS PCTA MVNDI, avec oeuillet.
Ar. gr. 5,5.

1752 Belle méd. repoussée. Plusieurs personnes faisant des offrandes.
Der danckt ist wurdig zu beschencken. Rev. Allégorie de la
Bonne Volonté. *Des dancken kompt von gutem Dencken.* Vers
1650. Ar. gr. 46,5.

1753 CHARITAS OMNIA SVFFET. La charité assise entourée d'enfants.
Rev. ARTIBVS QVISITA GLORIA. L'Art couronnée par la Gloire.
Méd. vers 1600 de fabrique danoise. Ar. gr. 26,5.

1754 *Mijn lief ontvanght mijn brandent hert dat vor trou gegeven
wert.* Des fiancés assis dans des costumes du XVIIme siècle.
Rev. Une mère avec ses enfants. Ar. gr. 31,5.

1755 Superbe méd. par *Seb. Dadler*. Les rois offrants des vases à l'enfant
Jésus. *Ein reiner Glaub, ein Seüfzer hoch Gedult unter des
Creutzes Joch: Die Stuck Golt, Weirauch Myrrhen sind Schenckt
man dem newgebornen kint.* Ar. gr. 43.

1756 Méd. sur l'amitié de style des médailles de *Blum à Brême.*
Un seigneur et une dame se donnent la main au dessus d'un
autel sur lequel ou lit. *Tot het einde*; éclairé par un soleil bril-
lant. *Suyver als het licht.* Rev. Cupidon embrasse une tiche
arosée par une jeune dame. *U gunst mijn wasdom.* Ar.

1757 Méd. sur l'amitié. Prix d'écoles etc. 8 pièces en argent.

1758 Méd. miniature. Le Christ debout levant sa main en prière. *Herr
lehre uns beten.* Rev. Le „*Vater Unser*" en 18 lignes. Sur la
tranche *Wenn ihr betet so sprecht-Luci 21.* Ar. Mm. 12.

1759 Jeton en argent de Hans Krauwinkel. Haman conduisant Mordechaï
à cheval par la ville. *Haman Mardoche.* A l'exergue ESTHER
VI — II. K. Rev. Haman à la potence devant son palais. A l'ex.
Das Haus Haman.

1760 Méd. de mariage par Christian Maler de Nürnberg, vers 1625.
Un homme et une femme de condition se donnent la main devant
un prêtre. *Ein vernürftig Weib kompt von Herrn; à l'ex Cum-
privile: cae* Rev. *Lieb und treu das best im Ehestand.* Allégorie
de l'amour conjugal. Ar.

1761 S. d. Méd. allégorique sur la Foi, l'Esperance et l'Amour NON
CONFVNDAR IN ÆTERNUM. Rev. Une femme attaquée par la
mort, par la foudre et par des monstres IN TE DOMINE SPERAVI.
Ar. gr. 33,5. Méd. fort curieuse du XVIIme siècle.

Livres numismatiques.

1762 **Renovatie** van 't Placcaet van de Munte van den 21^en Julij 1622,
mette Ampliatie van dien etc. 's Graven-Hage weduwe Hillebrant
Jacobssz. van Wouw 1626. Avec de nombreuses figures en bois 8o.

1763 **Placcaet** ende Ordonnantie van . . . . zo op ten cours van den
Gelde, als op te Politie ende Discipline betreffende d'exercitie
van der Munte etc. 's Gravenhaghe. Aelbrecht Heyndricksz. 1603.

Même pièce de 1606. 1615 et de 1621, by Hillebrandt Jacobsz. Même pièce de 1586 chez Cornelis Claesz à Amsterdam. 5 pièces sans les planches. 8o.

1764   **Keure** en Ordonnantie voor het Goud- en Zilversmeden Gilde, in 's Gravenhage, Cornelis van Zanten 1749 avec une lettre de cette corporation au Bourgmestre. 8o.

1765   **Alkemade K. van.** De Goude en zilveren gangbare penningen der Graaven en Graavinnen van Holland. Delft Andriez Voorstad 1700, avec des planches. fol.

1766   **Benaven. Jean Michel.** Le caissier italien, ou l'art de connoitre toutes les Monnoies actuelles d'Italie ainsi que celles de tous les Etats de l'Europe. Lyon 1787. 2 volumes, une avec 173 planches Demi veau. fol.

1767   **Bonneville. Pierre Frédéric.** Traité des monnaies d'or et d'argent qui circulent chez les differens peuples. Paris 1806. Demi veau. fol. *Avec de belles planches.*

1768   **Chestret de Haneffe** la Bon **J. de.** Numismatique de la principauté de Liége et de ses dépendances. Bruxelles 1890. 2 tomes in 4o.

1769   **Dugniolle Dr. L. F.** Le Jeton historique des dix-sept provinces des Pays-Bas. *Bruxelles 1877.* 4 tomes (5 vol) en 4o. Epuisé.
        Ouvrage recherché et rare.

1770   **Groebe D.** Beantwoording der Prijsvraag over de Munten 1500— 1621. Brnxelles 1835 demi veau. 4o.

1771   **Havercamp S.** Médailles du Grand et Moyen Brouze du Cabinet de la reine Christine. La Haye 1742, avec un grand nombre de planches. fol. Bel exemplaire.

1772   **Hawkins Edward.** Medallic illustrations of the History of Great Britain and Ireland to the Death of George II, edited by **Augustus W. Franks** and **Herbert A. Grueber.** 2 vol. London 1865. 4⁰. Epuisé, rare.
        Ouvrage recherché.

1773   **Heeckeren van Brandsenburg F. J van.** Nederlandsche Gedenk-Penningen welke sedert 1815 tot 1838 aan 's Rijks Munt te Utrecht zijn geslagen. Utrecht 1839 avec des planches. 4⁰.

1774   **Henin.** Histoire numismatique de la révolution française par M. H . . . . Paris 1826, avec une volume de 95 planches. 2 tomes in 4⁰. Ouvrage intéressant.

1775   **Le Blanc.** Traité historique des monnoies de France. Ouvrage intéressant de 1690 pour les monnaies du Moyen-age. 4⁰ *avec beaucoup de planches.*

1776   **Liebe C. S.** Gotha numaria sistens thesauri Fredericiani numismata antiqua . . . . auctore Christiano Sigismundo Liebe. Amsterdam 1730. fol. velin. Bel exemplaire.

1777   **Loon. Gerard van.** Hedendaagsche penningkunde. Oorspronk van 't Geld opkomst der Gedenkpenningen, aardt der legpenningen, 's Gravenhage 1732, avec des planches. fol.

1778 — Aloude Hollandsche Historie, opgehelderd met keyzer- en koninglijke Penningen. 's Graavenhage 1734. 2 tomes in fol.

1779 — Beschrijving der Nederlandsche Historiepenningen 1555 — 1713. La Haye 1723 - 1731. Avec de nombreuses figures. 4 tomes in fol.
Description et figures des médailles historiques des Pays-Bas. Très bel exemplaire.

1780 — Beschrijving der Nederlandsche Historiepenningen ten vervolge op het werk van G van Loon, Tomes 1. 2. 3 et 4. Amsterdam 1822 — 1840. 4 volumes in fol.
Supplément à van Loon, description des médailles frappées de 1716 jusqu' à 1806, les tomes 1. 2. 3 et 4.

1781 **Mieris F. van**. Historie der Nederlandsche vorsten, met meer dan 1000 historiepenningen opgehelderd. 's Gravenhaage 1732. 3 vol. in fol. Demi veau.
Les médailles historiques figurées et décrites de 1315—1558. Très bel exemplaire.

1782 **Nahuys Comte Ma"rice**. Histoire numismatique du royaume de Hollande sous Louis Napoléon, in 4⁰. avec 13 planches.

1783 — Histoire numismatique de la Hollande sous l'empire français in 4⁰. avec 15 planches.

1784 **Neumann Franz**. Populorum et regum numi veteres inediti collecti ac illustrati a Francisco Neumanno canonico reg. ad. S. Dorotheam. Vienne. 1779 in 4⁰. Avec des planches.
Bel exemplaire de ce livre rare.

1785 **Orden. G. van**. Bijdragen tot de Penningkunde van het Koningrijk der Nederlanden, Zaandam 1830. Avec 24 planches. 8⁰.

1786 **Pinkerton**. The Medallic History of England. Illustrated by fourty plates. London 1802. 4⁰. Rare.

1787 **Raczynski**. Le comte **Edouard**. Les médailles de Pologne 1513 – 1696. Breslau 1838, Belle ouvrage en polonais et en français avec de nombreuses figures. Demi veau, 2 tomes in 4⁰. *Ouvrage intéressant.*

1788 **Verkade. P.** Muntboek, bevattende de namen en afbeeldingen van munten geslagen in de zeven voormalig vereenigde Nederlandsche Provincien, sedert den vrede van Gent. Delft, avec 228 planches. 12 tomes in 4⁰. Bel ouvrage „Standard work".

1789 — Même ouvrage seulement le texte et 36 planches. Schiedam 1848.

1790 Médailler en acajou à deux corps et à deux grands tiroirs. Le corps supérieure à deux battants et à 48 tiroirs. le corps inf. aussi à deux battants et à 26 tiroirs. *Bon meuble de bonne con-servation*

No. 3.
No. 3.
No. 387a.
No. 387a.
No. 481.
No. 481.
No. 711.
No. 714.
No. 712.
No. 711.
No. 714.
No. 715.
No. 715.
No. 713.
No. 712.
No. 713.

No. 1094.
No. 1094.
No. 1167.
No. 1175.
No. 1181.
No. 1181.

No. 1187.

No. 1271.

No. 1289.

Or.

No. 1289.

No. 1291.

Or.

No. 1291.

No. 1475.

No. 1475.

No. 1491.

Æ

No. 1491.

Æ

No. 1605.

Or.

No. 1605.

Or.

Conditions de la Vente.

La vente aura lieu au comptant en Florins et Cents des **Pays-Bas.**

Les acquéreurs payeront $10^0/_0$ en sus des enchères, comme **cela** est de coutume en Hollande.

L'expert se charge gratuitement des ordres qu'on voudra **bien lui confier.**

La conservation des pièces est rigoureusement indiquée par **F.d.c.,** fleur de coin, **t.b.c.,** très bien conservé, **b.c.** bien conservé et **a.b.c.** assez bien conservé.

Après l'adjudication aucune réclamation ne sera admise.

Collection de M. S..... à Hanovre.

Vente le 11 Novembre 1897.

d'une petite et belle collection de MONNAIES et MÉDAILLES
ALLEMANDES et des autres États de l'Europe.

Catalogue Spécial No. 1795—2279.

Vente de Monnaies.

Au commencement de l'année 1898 aura lieu la vente du riche
cabinet de MONNAIES et MÉDAILLES de feu

Monsieur le Baron von BRANDT

au château de Schmerwitz dans la Marche **BRANDEBOURG**.

Vente d'Antiquités.

Collections de

Mme. la Douairière Jantson van Erffrenten
et de feu Monsieur A. Lips de Bréda.

Ces collections intéressantes seront vendues à l'Hôtel de Vente

„BRAKKE GROND" AMSTERDAM,
les 26 et 27 Octobre 1897.

Le Catalogue se distribue chez l'Expert

J. SCHULMAN, à Amersfoort.